KB148623

타자성과 초월

Altérité et transcendance

Altérité et transcendance
by Emmanuel Levinas

Copyright © Éditions Fata Morgana 1995
All Rights Reserved.
Korean Translation Copyright © Greenbee Publishing Company, 2020
This Korean Edition is published by arrangement with Éditions Fata Morgana,
France through Milkwood Agency, Korea

레비나스 선집 4
타자성과 초월

초판1쇄 펴냄 2020년 3월 27일
초판2쇄 펴냄 2022년 7월 4일

지은이 에마뉘엘 레비나스
옮긴이 김도형·문성원
펴낸이 유재건
펴낸곳 그린비
주소 서울시 마포구 와우산로 180, 4층
대표전화 02-702-2717 | **팩스** 02-703-0272
홈페이지 www.greenbee.co.kr
원고투고 및 문의 editor@greenbee.co.kr

주간 임유진 | **편집** 홍민기, 신효섭, 구세주, 송예진 | **디자인** 권희원, 이은솔
마케팅 유하나, 육소연 | **물류유통** 유재영 | **경영관리** 유수진

이 책의 한국어판 저작권은 밀크우드 에이전시를 통한 저작권자와의 독점계약으로 (주)그린비출판사에 있습니다.
저작권법에 의하여 한국 내에서 보호를 받는 저작물이므로 무단전재와 무단복제를 금합니다.
책값은 뒤표지에 있습니다. 잘못 만들어진 책은 구입처에서 바꿔 드립니다.
ISBN 978-89-7682-180-5 94160
ISBN 978-89-7682-405-9 (세트)

學問思辨行: 배우고 묻고 생각하고 판단하고 행동하고
독자의 학문사변행을 돕는 든든한 가이드 _그린비 출판그룹

그린비 철학, 예술, 고전, 인문교양 브랜드
엑스북스 책읽기, 글쓰기에 대한 거의 모든 것
곰세마리 책으로 통하는 세대공감, 가족이 함께 읽는 책

레비나스 선집 4
Emmanuel Levinas

타자성과 초월

에마뉘엘 레비나스 지음

김도형·문성원 옮김

Altérité et transcendance

응B
그린비

| 일러두기 |

1 이 책은 Emmanuel Levinas, *Altérité et transcendance*, Paris: Fata Morgana, 1995를 완역한 것이다.

2 본문의 주석은 모두 각주로 표시되어 있다. 옮긴이 주는 각주의 끝에 '—옮긴이'라고 표시했으며, 표시가 없는 것은 모두 지은이 주이다. 옮긴이가 보충하는 간단한 설명이나 인용출처는 본문 중에 대괄호([ ])로 표시했다.

3 이 책의 원서에서 이탤릭체로 강조된 표현은 고딕체로 표시했다. 또 레비나스가 특정한 단어들에서 대소문자를 달리하여 의미를 부여하거나 강조할 때가 있는데, 이것은 해당 부분에 방점을 찍어 표시했다.

4 단행본·정기간행물에는 겹낫표(『 』)를, 논문·단편 등에는 낫표(「 」)를 사용했다.

5 외국 인명이나 지명, 작품명은 2002년 국립국어원에서 펴낸 외래어표기법을 따랐다.

서문 _ 전체성과 초월 사이의 철학

피에르 아야Pierre Hayat[1]

"철학은 플라톤적이다"_ 에마뉘엘 레비나스

'타자성과 초월', 에마뉘엘 레비나스가 1967~1989년에 발표한 12편의 논문을 엮은 이 책을 위해 그가 직접 선택한 이름이다. 이 책은 초월이란 "다른 인간과의 관계 속에서 생명력을 갖는다"(147쪽)는 발상으로 우리를 곧장 인도한다.

레비나스의 이 같은 주장의 초점을 어떻게 받아들여야 할까? 우선 '초월'transcendence은 다양한 의미들로 이해된다는 점을 기억하자. "초월은 어원학적으로, 횡단하는trans 운동이자 상승하는scando 운동을 의미한다"[2]고 레비나스는 강조한다. 어원학적인 의미에서 초월은 넘어섬, 높음을 향한 운동 또는 너머로 향하는 몸짓이라는 생각으로 우리를 인도한다. 초월은 분리된 것과 맺는 관

---

1) 교수 자격을 지닌 철학 박사로서 파리의 쥘-페리 고등학교에서 철학을 가르치고 있다. 레비나스 전문가이며, 세속성의 철학과 교육 철학에 대한 책들을 썼다. ─옮긴이
2) *L'Herne*, n° 60, pp. 76~77.

계의 역설을 가리킬 것이다. "초월은 거리가 주어지는 하나의 방식
이다."

너머에 도달하려는 이 노력, 높음을 향해 있는 이 시선은 무엇
보다도 신성한 것le sacré을 통해 성취된다. 이때 인간들은 자신들을
넘어선 어떤 것에 머리를 숙였으리라. 그들의 위대함은 존재의 최
상의 영역, 그러니까 절대적인 것이나 영원한 것의 영역으로 해소
하는 데서 비롯할 것이다.

이것은 물론 레비나스가 따르려는 길이 아니다. 왜냐하면
우리는 초월의 이 같은 형태 속에서 '신비적 정신상태'mentalité
magique[3]를 받아들이기 때문이다. 이 '신비적 정신상태'는 인간들
로 하여금 그들이 살아가는 세계가 신비스러운 힘들에 의해 지배
된다고 믿게 만든다. 레비나스는 서양철학이 인간들을 이런 "왜곡
되고 잔인한 초월"[4]로부터 자유롭게 하는 데 기여했음을 상기시킨
다. 이성은 '배후 세계'arrière-monde라는 환상에서 해방시킨다. 이성
은 인간들을 상상의 너머에 대한 두려움으로부터 구출한다. 인간
에게 앎의 대상이 됨으로써, 자신의 불안한 낯섦을 상실한 세계는
이제 어떤 비밀도 없이 나타나 이론적 연구와 기술적 지배력에 개
방된다.

이것은 오늘날 초월이 모든 의미를 상실했다는 것을 말하는
가? 근대 주체철학과 더불어, 우리는 초월 관념의 제거가 아니라

---

3) 레비브륄(Lucien Levy Bruhl)의 용어.—옮긴이
4) *L'Herne*, n° 60, p. 80.

초월 관념의 변환을 목격한다. 초월은 초월적인 것le transcendant 으로 환원되지 않으며 내적 삶을 넘어서는 실재의 차원을 규정하지도 않는다. 초월은 인간 주체성의 탄생을 동반한다. "물론 여기서 중요한 것은 초월을 주제화하는 것이 아니라 … 형이상학의 양태 자체로서의 주체성에 놀라는 것이다."[5]

게다가 인간은 최상의 실재 속에 자신을 정초하라고 더 이상 요구받지 않는다. 왜냐하면 초월이 주체성의 내적 구조이기 때문이다. 달리 말하자면, 우리가 초월의 운동의 근원에서 발견하는 것이 바로 주체성이다. 레비나스는 이런 생각을 표현하기 위해 수십 년간 친구이자 대화 상대자로 지내왔던 장 발Jean Wahl에게서 다음의 말들을 빌려 온다. "인간은 언제나 그 자신 너머에 있다. 그러나 이 자기 자신 너머는 그 자신이 바로 초월의 원천이라는 의식을 궁극적으로 가져야 한다."[6] 주체성의 초월이, 이루어진 사태의 모든 상황을 넘어서고 모든 정의定義를 초과할 이 놀라운 가능성을 입증한다.

그러나 주체성의 관점에서 초월을 고려하는 '근대철학'은 초월 관념을 문젯거리로 만든다. 사실, '주체는 스스로를 초월한다'는 명제에는 이율배반과 같은 것이 있지 않은가? 우리가 참된 넘어섬에 대해 생각한다고 치자. 그러나 그때 주체는 그 넘어섬의 운

---

5) *Ibid.*, pp. 81~82.

6) Wahl, 『형이상학론』(*Traité de métaphysique*), 1953, p. 721(E. Leivnas, *Hors sujet*, Fata Morgana, 1987, p. 120에서 재인용).

동 속으로 이끌리게 되는데, 이 모험 속에서 주체는 그 자신으로 존재하기를 멈추어 자신의 동일성이나 실체성을 상실하게 된다. 주체가 자신의 초월의 운동 속에서 스스로를 유지한다고 하더라도 우리는 초월이 실제로 존재하는지를 의심할 수 있을 것이다.[7] 이렇듯, "주체가 창조하면서 자신을 넘어선다는 근대 철학자들의 유명한 기획은" 참된 초월 또는 자기로부터의 떠남을 가능케 하지 못한 채 주체를 그 자신으로 돌려보낸다.[8]

초월에서 그 의미작용을 잃어버리지 않고선 근대 철학이 초월의 운동 속에서 주체를 유지하는 것이 불가능하다는 사실은 어디에서 기인하는가? [그것은 바로] 일자의 오랜 특권을 고집하는 근대 철학의 집착에서 기인한다. 초월이 주체가 스스로를 순수한 자유로 확증하기 위해 모든 실제적인 현실화에 거리를 둘 수 있는 능력을 표현하든 아니면 주체가 자신의 작업 결과들을 통해 역사 속에서 자신을 구현할 수 있는 힘을 지시하든 간에, 초월은 존재의 동일성이라는 관념 속에서 자신의 원리를 발견한다.

레비나스는 근대 주체 철학이 차용했던 길과는 다른 길을 통해 초월을 다시 사유하고자 한다. 이를 위해 그는 초월에 대한 선험적인ª priori 정의를 제시하는 것이 아니라 '새로운 초월'이 어떻게 '인간적인 것'의 의미 자체인지를 보여 준다. 레비나스의 철학은

---

7) E. Levinas, 『전체성과 무한』(Totalité et infini), Nijhoff, 1961, p. 251 [김도형·문성원·손영창 옮김, 그린비, 2018, 416쪽].

8) E. Levinas, 『후설과 하이데거와 함께 존재를 찾아서』(En découvrant l'existence avec Husserl et Heidegger), Vrin, 1988, p. 172.

비구성적인 직관에 기초해 구성된다. 그것은 바로 "타자에게 건네지는, 타자에 대한 질문"[9]으로서의 초월의 출현에 대한 직관이다. 초월은 간주관적인intersubjective 관계에서 태어난다.

그러나 초월을 나타내기 위해 간주관성의 원리적 특성을 인정하는 것으로 충분한가? 간주관적인 관계가 개별 주체가 타자의 자유와 마주하고 있는 거울 관계로 제시된다면, 타자성은 여전히 자아의 동일성으로부터 사유되는 것이다. 초월, 즉 자기로부터의 떠남은 이런 조건들 속에서는 나타날 수 없다. 하물며a fortiori 인정 욕구는 주체 안에 참된 초월을 도입하지 못한다. 왜냐하면 타자를 통해 주체가 추구하는 것은 바로 자기 자신이기 때문이다. 이런 관계적 틀 속에선 필연적으로 투쟁이 타자와 맺는 관계의 본질적 양태가 될 것이며, 각각의 주체는 타자에 의해 그의 초월의 힘이 빼앗김을 보게 될 것이다. 그리고 사르트르가 말하듯, "시선으로서의 타자는 단지 초월된 나의 초월에 불과하다".[10]

참된 초월이 가능하기 위해서 타자는 자아와 관계하면서도 자아에 외재적인 것으로 남아 있어야 한다. 타자가 그의 외재성 자체를 통해──그의 타자성을 통해──자아를 자기로부터 벗어나게 하는 것이 무엇보다도 필요하다. 레비나스는 타자가 자신의 얼굴을 통해 어떤 매개도 거치지 않은 채 단순하고도 직접적으로 그 자신을 입증한다는 점을 보여 주고자 한다. 모든 객관적인 컨텍스트

---

9) *LHerne*, n° 60, p. 80.

10) J.-P. Sartre, 『존재와 무』(*L'Être et le Néant*), Gallimard, 1943.

바깥에서 그리고 간주관적인 장으로부터 독립하여 자기를 증언하는 얼굴의 이 예외적인 능력은 그 자체로 주체에게 전달된 메시지이다. 자신을 현시하는 이런 비일상적인 방식을 통해 얼굴은 형이상학적 저항을 폭력에 맞세운다. 얼굴은 자아의 능력capacité에 도전하는 것이 아니다. 왜냐하면 얼굴은 어떤 물리적 힘을 다른 물리적 힘에 맞세우는 것이 아니기 때문이다. 얼굴은 능력의 능력pouvoir de pouvoir에, 권력에의 의지volonté de puissance에 도전한다. 이런 점에서 얼굴은 주체를 책임성으로 고양시킨다.

우리는 레비나스가 간주관적인 관계를 어떻게 사유하기를 제안하는지를 보게 된다. 이 관계는 상호적 관계가 아니라 비대칭적 관계로서, 또 공통의 영역을 통한 것이 아니라 일종의 격차처럼 불연속성 속에서 자아와 타자를 분리하는 틈을 통해 사유될 것이다.

이런 관계 속에서 자아는 스스로를 문제 삼는 것이 아니라 타자에 의해 문제 삼아진다. 초월이 출현할 수 있는 것은 오직 타자를 통해서이다. 참된 초월은 초월이 그것의 연장이나 이상화가 될 한 존재의 내면성에서가 아니라 외재성에서 비롯한다. 초월은 주체성이 위기에 처함으로서만 체험될 수 있다. 여기서 주체성은 종국적으로 자신이 포함할 수도 떠맡을 수도 없지만 자신을 문제 삼는 타자와 대면하고 있음을 발견하게 된다.

타자의 얼굴은 그것이 대자 존재être pour soi라는 자아의 실존 속에서의 자아를 문제 삼는 한에서 초월의 장소이다. 타자의 얼굴에는 자아가 자기 속에 머무는 것을 방해하며 자아를 그 자신의 한계로 이끄는 초월의 외상과 같은 것이 있다. 그러나 타자에 의

한 자아의 이 고발 속에서 타자를 책임지는 자로서의, 타자 앞에 선 자로서의 인간 주체성이 형성된다. 레비나스의 철학은 상위의 통일성으로 환원될 수 없는 인간 간의 대면에서 출발하여 다원론pluralisme을 복권시킨다. 그러나 이 다원론은 무엇보다도 주체성의 구조를 규정한다. 즉, 자아는 역설적이게도 결코 그에게 내적일 수 없는 "있는 그대로의 타자"l'autre comme tel를 그 자신의 내부에서 발견한다.

* * *

이 책의 첫번째 논문은 레비나스가 초월을 이해하는 방식을 독특한 방식으로 조명하고 있다.

『보편 철학의 백과사전』L'Encyclopédie philosobieque universelle에 수록되었던 「철학과 초월」(1989)이라는 제목의 이 연구는 한 명의 위대한 철학자가 다른 철학자들과의 관계 속에서 자신의 고유한 사고과정을 기입하는 방식의 사례가 된다. 레비나스는 플로티노스Plotinos, 데카르트René Decartes, 후설Edmund Husserl, 하이데거Martin Heidegger가 초월의 문제와 맞서는 방식을 검토한다. 어떻게 초월의 본원적 장소에 대한 탐구가 "의심할 나위 없이 철학의 주요한 문제들 중의 하나"인지(28쪽)를 보여 주면서 말이다. 그러나 레비나스는 또한 초월의 문제를 통해, 문제 삼아지는 것은 바로 철학 자체임을 보여 준다. 그러니까 철학적 문제설정을 야기하는 놀라움 속에서 레비나스는 초월을 증언하는 "사유작용cogitatio과 사유대상cogitatum 사이의 불균형"(27쪽)을 인식하는 것이다.

레비나스가 플로티노스의 사유과정을 보여 주는 방식은 이 점에서 의미심장하다. '일자의 초월'은 플로티노스에게서 "앎이나 재현이 아니라 사랑"인 "지혜에 대한 열망"(31쪽)으로 이해된 철학적 각성 자체를 표현한다. 레비나스가 보기에 일자를 향한 이러한 도약은 철학을 융합을 위한 노스텔지어적 욕망의 특권적 표현 방식으로 만드는 철학자의 특정한 방식을 증언한다. 통일성에 대한 탐구와 초월을 결합하는 이런 식의 철학은 "사회성 속에서 유효한 초월의 관념"(31쪽)을 인식하지 못한다. 레비나스는 여기서 "동일자의 철학"에 대한 그의 대립을 표명한다. 그는 얼굴의 관계 속에서 초월의 본원적 자리를 인식한다. 초월을 통해서, 레비나스의 다원주의 철학philosophie pluraliste은 환원 불가능한 얼굴의 외재성과 간인간적인 관계의 궁극적 복수성pluralité을 정당화한다.

* * *

초월은 이렇게 우리를 전체성과 무한이라는 레비나스 철학의 두 가지 주요한 범주로 인도한다. 『보편적 백과사전』*L'Encyclopaedia Universalis*에 수록된 두 논문 「전체성과 전체화」와 「무한」은 레비나스 작업의 독특한 점을 보여 준다. 『전체성과 무한』이 출간되고 얼마 지나지 않아 쓰인 이 두 논문은 전체성과 무한이라는 두 가지 범주들에 대한 정확한 개념적 분석을 제공한다는 점에서, 그리고 서양 철학의 주요 흐름이 이 두 범주에 접근하는 방식들을 고찰한다는 점에서 이중의 특수성particularité을 간직하고 있다.

『보편적 백과사전』에 수록된 이 두 글은 레비나스 철학을 이해하는 데 특별히 유용한 것처럼 보인다. 레비나스의 독자들은 데카르트의 무한 관념을 레비나스가 어떻게 활용하는지를 알고 있고, 레비나스가 전체성 관념을 연구하던 중에 로젠츠바이크Franz Rosenzweig에 영감을 받았다는 사실도 모르지 않는다. 그러나 여기에 수록된 두 논문에서 레비나스는 소크라테스 이전 철학자들, 아리스토텔레스Aristoteles, 라이프니츠Gottfried Wilhelm von Leibniz, 스피노자Baruch Spinoza 또한 칸트Immanuel Kant가 전체성과 무한 관념을 다루는 방식을 보여 준다.

레비나스의 의도가 참고 자료들을 제시하는 것은 분명 아니다. 「철학과 초월」이 그렇듯, 「전체성과 전체화」와 「무한」은 레비나스의 사유가 철학의 역사 속에 깊이 잠겨 있으며 그가 이러한 역사 내부에서 뚜렷이 드러나는 어떤 입장을 취하고 있음을 잘 보여 준다. 우리는 여기서 레비나스의 '연구실'로 이끌린다. 이곳에서 『전체성과 무한』의 저자는 전체성과 무한 개념에 대한 이론적이고 역사적인 작업을 통해 주요한 형이상학적 사유과정과 자신의 사유과정을 대결시킨다. 이런 점에서 이 두 문헌은 레비나스가 전체성과 무한이란 범주들을 지나치게 사적으로, 또 다소 애매하게 사용했다는 비난에 대한 답변이 될 것이다.

특히 우리는 레비나스가 전체성을 내재적intrinsèque 실재성을 가지며 배타적 원리에서 기인하는 통일성으로 정의하는 것이 '환원주의적인 것'réductrice은 아닌가 하고 물을 수 있을 것이다. 레비나스는 프란츠 로젠츠바이크가 전체성이 존재들의 특수성에 어떤 자리도 내어주지 않는다고 평가하면서 "이오니아로부터 예나에 이르는" 철학자들에 대항해 내놓았던 논쟁에 경솔하게 참여하는 것은 아닌가? 예컨대, 추상적인 일반성으로 환원시키지 않고서하나의 생명체를 하나의 전체성으로 사유하는 것이 가능한가? 왜냐하면 생물학적 전체성이라는 관념은 다름 아니라, 단일한singulier 존재의 구체적 실재성realité을 이루는 것이 무엇인지를 보여 주기때문이다. 전체성 관념이 꼭 실재realité가 동질적이라는 생각으로이끄는 것은 아니다. 한 전체의 부분들은 그 자체로 서로 다를 수diverse 있다. 오히려 전체성 관념은 그것이 정적인가 동적인가에 따라, 그리고 그 부분들이 하나의 구조의 요소들이나 하나의 변화의단계들을 규정하는가에 따라 실재적인 것le réel의 다양성diversité을다른 방식으로 보게 한다.

레비나스의 작품에서 독특한 위치를 차지하고 있는 「전체성과 전체화」는 전체성 관념이 철학사에서 복잡한 접근 대상이었음을 상기시키는 구실을 한다. 실제로 전체성은 지각의 종합뿐 아니라 개념의 통일, 규제적 이념의 무조건성을 가리킨다. 또한 전체성은 하나의 전체성으로 정의된 진리에 대한, 전체화로 이해된 역사에 대한 철학적 반성, 또한 전체와 부분을 엮는 해석학적 방법에대한 철학적 반성 한가운데 자리한다고 레비나스는 강조한다. 그러므로 이 연구는 레비나스가 행한 전체성 비판의 가치를 파악하고자 하는 사람들이 결코 간과해선 안 되리라 여겨진다.

이 전체성 비판은 우선 전체성에 대한 사유들이 전제하는 가정, 즉 전체성은 아무것도 외부에 남겨 두지 않는다는 입장을 향한다(65쪽). 이런 가정은 전체성이 실재의 다양성을 단일한 개념으로 모아들이는 한에서 무엇보다 사유에 적용된다. 그러나 이 가정은 또한 사회에도 적용된다. 왜냐하면 사회적 전체성은 개인들을 하나의 동일한 장소로, 동일한 법과 제도로 결집시키는 걸 가능하게 하기 때문이다.

레비나스가 전체성을 넘어섬을 정당화하는 것은 바로 무한 관념을 통해서다. 무한 관념과 그 관념이 대상으로 삼는 무한 사이에 어떠한 공통의 척도도 없는 한에서 그렇다. 무한에 대한 사유는 그 사유에 외재적인 것으로 머무는 무한을 포착하지 못한다. "여기서 초월의 발상과 연결되는" 무한으로부터 윤리적 책임이 정당성을 인정받게 된다(76쪽). 자아의 이 책임은 개념을 거역하고 그 사회적 지위가 그의 유일성을 설명해 내지 못하는 다른 인간에 의해 유발된다. 우리는 이렇게 레비나스에게서 전체화에 대한 거부는 자아의 명령에서 유래하는 것이 아니라 "전체화를 중단시키는" 얼굴과의 관계에서 기인한다는 점을 알게 된다.

이것은 레비나스가 전체성 대신 무한을 선택하라고 요구한다는 것을 의미하는가? 그것은 오해일 것이다. 윤리적 초월은 개인들을 사회적 전체성에서 떼어 내지만, 타자 앞에서의 책임과 법 앞에서의 모든 사람의 평등을 공존시키는 것이 문제가 될 경우 윤리적 초월은 전체성의 내면 자체에 반영된다.

윤리적 책임이 사회적 전체성을 무시하지 않는 것과 마찬가지로, 사유는 개념의 작업 없이 스스로를 구성할 수 없을 것이다. 전체성과 무한 사이에서 레비나스의 철학은 그것들의 분리가 아니라 그것들 사이의 긴장을 나타낸다. 레비나스의 철학은 윤리의 우위를 강조하나, 이 윤리는 개념을 배제하지 않으면서 개념을 넘어선다.

개념과 무한 사이에서, 전체성과 초월 사이에서 레비나스의 철학은 독특한 하나의 길을 따라가며 거기서 그는 서양 철학의 스승들과 조우한다. 레비나스는 플라톤에서 진리는 개념의 종합으로부터 나오지만, 선은 존재성 너머에서, 불가능한 전체화 속에서 추구되는 것임을 상기시킨다(73~74쪽). 우리는 여기서 플라톤 철학에 바치는 이중의 경의를, 즉, 명석하고 판명한 개념적 사유에 대한 경의와 전체성 너머의 초월에 열린 사유에 대한 경의를 알아차릴 수 있지 않을까?

* * *

초월이 단지 수많은 철학 주제들 중 하나가 아니듯, 레비나스에서 윤리는 철학의 한 분과가 아니다. 전자가 그런 것은 초월이 철학 자체를 문제 삼기 때문이고 후자가 그런 것은 윤리학이 "제일 철학"으로 주어지기 때문이다. 자아를 호명하는 타자와 맺는 관계는 궁극적 상황 혹은 "최종 전제"이다. 질문의 질문, 모든 질문의 원천, 즉 대화상대자인 타자와 맺는 관계는 철학적 대화로 하여금 스스로를 그 자신 속에 가두는 것을 금한다. 이런 방식으로 레비나스는 철학의 대화적 본질에 대해 자문한다.

여기에 수록된 네 편의 텍스트, 「대화 저편」(1967), 「나라는 말, 너라는 말, 신이라는 말」(1978), 「윤리와 제일 철학. 타자의 근접성」(1986), 마르틴 부버Martin Buber의 『유토피아와 사회주의』*Utopia et* *socialisme*에 대한 서문」(1977)은 대화의 정황conjoncture이 어떻게 레비나스로 하여금 윤리의 우선성을 앞세울 수 있게 하는지를 보여 준다.

이미 플라톤을 통해 철학은 로고스로 환원되지 않는다는 점이 드러났다. 이는 철학이 대화 상대자와 맺는 관계를 함축하기 때문이다. 진리 탐구는 대화상대자들의 생생한 현존과 떨어질 수 없다. 하지만 플라톤적 대화는 참된 관념/이데아 주위로 대화 참여자들을 한데 모으는 걸 목표로 삼는다.[11]

마르틴 부버의 대화 철학의 장점은 나-너의 대화적 관계가 갖는 내재적intrinsèque 가치를 정확히 밝혀 준다는 데 있다. "부버의 사유는 나를 사회성의 현상학에 관여하도록 부추겼다"(124~125쪽). 부버는 너에게 말을 건네는 나와 나를 부르는 너 사이의 관계가 진술 가능한 것을 넘어선 의미의 최초 구조라고 가르친다. 부버 탄생 100주년을 기념해서 출간된 1978년의 텍스트에서 레비나스는 말한다. "'너'라고 말함, 그것이 말함의 최초 사태이다. … 말함은 너를 향한 나의 이 직선성recitude, 대면의 이 올곧음droiture, 만남의 진정한 의미의 올곧음이다"(114쪽). 마르틴 부버의 철학에 경의를 표하는 이 텍스트는 아마도 두 사상 사이의 깊은 연관성을 망각한 채 레비나스를 부버에 대립시키는 것에 만족하는 해석들의 뉘앙스를 드러내 줄 것이다.

---

11) 예를 들어 E. Levinas, 『관념에 오는 신에 대하여』(*De Dieu qui vient à l'idée*), Vrin, 1986, pp. 211~230.

그러나 레비나스는 또한 부버와 어려운 대화를 시도한다. "제일 철학에 대해서 말할 때, 나는 윤리학이 아닐 수 없는 대화의 철학에 대해 언급하고 있는 것입니다"라고 그가 말하는 경우, 우리는 부버와의 친근성을 인정하지 않을 수 없다. 철학의 시작은 코기토가 아니라 타자와 맺는 관계라는 것 말이다(119쪽). 그러나 우리는 또한 레비나스가 대화 속에서 윤리의 비가역적 상황을 인식함으로써 부버와 결별하고 있음을 알고 있다.

따라서 본원적 대화는 그것이 "사람들이 교환하는 생각들 저편의 근접성", "대화가 불가능해질 때조차 지속되는 근접성"에 대한 추구를 증언한다는 점에서 "대화 저편"에 자리한다(108쪽). 인간적인 것의 근본적 정황은 공유된 관념들을 둘러싼 인간들의 일치가 아니라는 것, 부버는 이 점을 인식했다. 하지만 레비나스에서 인간의 인간성을 끊임없이 다시 세우는 관계는 상호적 관계의 형식적 구조——여기선 나는 타자에 대한 너이고 너는 하나의 다른 나로 발견되는데——가 아니다. 이 형식적 구조의 가역성 너머에서 레비나스는 비대칭적인 윤리적 관계를 발견하고자 한다. 이 관계는 자아가 "타자로 나아가는" 데서, "그가 진실로 다른/타자인 그곳으로 가는"(109쪽) 데서 성립한다.[12]

레비나스는 『유토피아와 사회주의』의 서문에서 부버와 다시 이런 대화를 시도한다. 정치적인 것과 사회적인 것을 대립시키는

---

12) 예를 들어 E. Levinas, 『고유 명사들』(Noms propres), Fata Morgana, pp. 27~55; 『주체 바깥』(Hors sujet), pp. 13~69.

부버의 견해를 제시한 후, 레비나스는 사회주의가 "하나의 새로운 윤리로서" 나타날 가능성에 대해 묻는다(138쪽). 부버에서 인간적 사회성의 이런 "유토피아적" 차원은 "나와 너"의 방식 안에서 주제화되는데, 이런 방식으로부터 그 어떤 권력도 없는 사회적 관계가 사유될 수 있을 것이다(138쪽). 그러나 레비나스에게서 "인간적인 것의 유토피아"——여기서 인간적인 것의 의미는 하나의 장소 속에 결코 갇히지 않는다——는 다른 인간과 나 사이의 비대칭적 관계 속에서 탐색되어야 한다.

* * *

간주관적 관계 속에서 출현하는 윤리적 초월은 평등하고 상호적인 관계가 인간적인 것의 궁극적 구조가 아님을 지적한다. 이렇게 다른 인간의 얼굴의 무한성은 그 자신에 만족하는 사회적 전체성에 대한, 경제적이고 국가적인 구조에 대한 생생한 이의제기이다. 세 편의 텍스트, 「재현 금지와 '인권'」(1984), 「평화와 근접성」(1984), 「다른 인간의 권리」(1989)는 권리와 평화에 대한 토론에 참여하고자 하는 레비나스의 관심을 보여 준다.

레비나스는 '인권'은 그것이 "모든 합의된 법"과 무관하게 확증된다는 점에서 선험적$^{a\ priori}$이라고 주장한다(168쪽). 그러나 레비나스는 인권은 국가 속에 뿌리내려 "법적 결정들에 편입"될 때 실효성을 갖는다는 점도 강조한다(169쪽). 게다가 권리 개념은 실정법의 실재성에 관련됨과 동시에 사람들이 그 이름을 빌려 "자유의 요구들을 공식화"할 "임무"를 갖게 되는 이념에 관련된다(170

쪽). 그러나 여전히 권리는 법을 둘러싼 의지들의 합치를 나타내는 표현이다. 권리는 "보편적인 것의 합리성에 동의하는 가운데 이뤄지는 (자유의) 자유로운 제한"이다(171쪽).

레비나스는 인권 사상에 대한 비판을 산출하고자 시도한다. 물론 이런 비판은 인권 철학에 대한 외적인 이의제기가 아니라 오히려 그것의 가능 조건을 탐구하는 것이다. 권리의 궁극적 원천으로 거슬러 올라가면서, 레비나스는 다른 인간 앞에 있는 인간의 개별적 책임을 발견한다. "인권은 절대적이고 본래적으로 타인에서만, 다른 인간의 권리로서 의미를 갖는다. 내가 결코 저버릴 수 없는 권리"(149쪽).[13]

레비나스의 이런 제안은, 우리가 그것이 갖는 문제제기적 특성을 강조하지 못할 경우에 잘못 이해될 수도 있을 것이다. "다른 인간의 권리"는 추상이 아니기 때문이다. 그것은 "바깥에서"ᵃ ˡ'air libre는, 인간의 사회성을 망각하는 속에서는 의미를 갖지 못한다. 우리는 이미 무한의 초월이 사회적 전체성 안에 반영된다는 점을 강조했다. 우리는 또한『전체성과 무한』의 한 명제, 두말할 나위 없이 그 책의 가장 강렬하고 가장 어려운 명제들 중의 하나인 다음과 같은 명제를 기억할 수 있을 것이다. "제삼자는 타인의 눈 속에서 나를 응시한다." 이 표현은 모든 타자들이 대면 속에서 '현전한다' présent는 점을 가리킨다.[14]

---

13) 예를 들어 E. Levinas, 『주체 바깥』(Hors sujet), pp. 173~187; 『우리 사이』(Entre nous), pp. 231~235.

이렇게 윤리적 관계, 그러니까 정치적 질서를 초월하는 이 관계의 비평등적이고 간주관적인 구조는 제삼자를 고려하는 데서 비롯하는 평등에 대한 요구에 의해 수정된다. 우리는 권리와 관련해 동일한 애매성을 발견한다. 다른 인간의 권리에 대한 긍정이 인권에 대한 일반적 발상을 전복시키지만 그것 속에 모든 인간의 권리에 대한 염려를 가져온다.

* * *

두 대담은 이 책의 마지막을 장식해 준다. 레비나스에게 "철학은 결코 지혜가 아니다. 왜냐하면 철학이 끌어안고자 한 대화상대자는 이미 철학을 빠져나갔기 때문이다".[15] 크리스티앙 카바니스 Christian Chabanis와의 첫번째 대담은 죽음에 대해 다룬다(1982). 두번째 대담에서 레비나스는 안젤로 비앙키Angelo Bianchi의 질문들에 답한다(1985).

---

14) 『전체성과 무한』(Totalité et infini), p. 188. 또한 『존재와 달리』(Autrement qu'être), Nijhoff, 1974, p. 201.

15) 『전체성과 무한』(Totalité et infini), p. 272.

* 이 책 각 부의 제목은 피에르 아야가 정한 것으로, 그는 [에마뉘엘 레비나스의 아들인] 미카엘 레비나스(Michaël Levinas)의 신중하고 귀중한 도움에 감사를 표했다.

차례

다른 초월

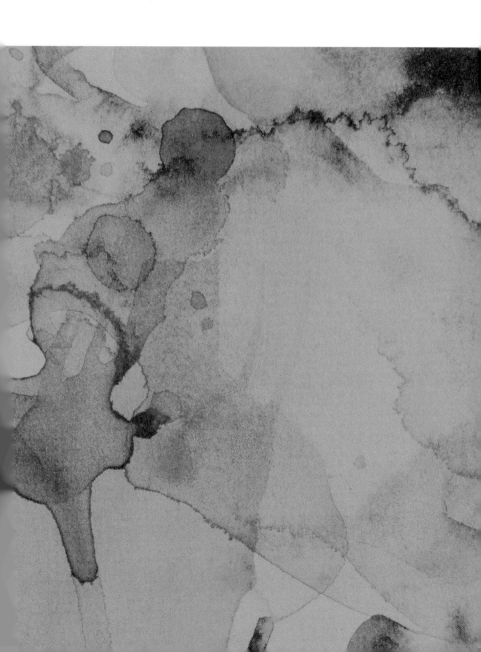

철학과 초월

I. 무한의 관념

우리는 10년 전에 다음과 같이 말할 수 있었다. "사유의 체험된 내밀성에 대한, 체험Erlebnis으로서의 사유에 대한, 체험된 것('여전히 불명료'encore confuse하고 대상화 못하는 의식의 관념은 이것을 고갈시키지 못하는데)에 대한 사물의 초월, 그런 것에 대한 대상의, 환경 전체(이것은 주제화된 사념의 이상理想이라고 할 수 있는데)의 초월은, 지향성에 의해 열리지만 또한 그것에 의해 가로질러진다traversé. 이 초월은 접근 가능성 못지않게 거리를 뜻한다. 그것은 거리가 있는 것이 주어지는 방식이다. 이미 지각perception은 붙잡는다saisir. 개념 concept(Begriff)은 지배력emprise이라는 이런 의미를 지닌다. 사물들과 사념들의 전유와 사용이 요구하는 노력이 무엇이든 간에, 그것들의 초월은 사유 속의 대상에 대한 사유의 체험된 동등성을, 동일자의 동일화를, 만족을 축성하는 소유와 향유를 약속한다. 우리가 그 속에서 앎을 추구하는 놀라움——사유작용과 사유대상 사이의 불균형——은 앎 속에서 약화된다. 실재가 지향적 초월 속에서 체험된 것의 '단계에 따라'à l'échelle 유지되는 방식, 또 사유가 자신의 척도에 따라 사유하는 방식, 또 그럼으로써 향유하는 이러한 방식이 내재성을 의미한다"(『관념에 오는 신에 대하여』*De Dieu qui vient à l'idée*, p. 163). 앎에서, 현존에서, 존재에서 사유가 깨어남. 재-현에서, 앎에서, 지향 속에서 또 구성적 행위로의 반전 속에서 바라고 겨누는 비밀스러운 의지에서 사유가 깨어남. 이것은 바로 사유의 근원적 깨어남인가? 사유는 더 깊은 주의注意; vigilance에 이미 열려 있어서, 재현에서는 유지될 수 없을 어떤 것이 모든 탈은폐dévoilement를 넘어 이 주의에 자신을 계시하지 않는가? 자신이 포함할 수 있는 것 이상의 것을 사유하는 사유 속에 있는 데카르트적 무한 관념의 초월성. 데카르트가 「제3성찰」의 후반부에서 암시했던, 빛의 잉여를 통한 시선의 눈부심과 앎이 경외로 파열되는 사태. 앞선 '목표'와 발견해야 할 지향에 언제나 이미 상관적인 대상적인 것 너머——바로 여기에 타자가 등장한다. 스스로를 계시하는, 그러나 정확히는 주체적 사유의 지향들을 놀래키는 타자, 초월론적 종합synthèse transcendantal의 시선의 형식——그러나 이것은 현존으로서 전체주의적이다——에서 벗어나는 타자. 존재에서 벗어난, 전체성보다 더 강하고 더 유서 깊은 현존에서 벗어난 무한의 예외적 관념. 우리는 이 관념을 '존재론적 논증'을 통해 간단히 현존으로, 전체화하는 시선에 닫힌 존재로 떨어뜨릴 수 없다. 어떤 배후의 세계로도, 어떤 텅 빈 천국ciel-vide으로도 떨어뜨릴 수 없다.

이 무한 관념의 근원적 자리와 그 초월의 근원적 자리에 대한 탐구는 의심할 나위 없이 철학의 주요한 문제들 중 하나다. 인간의 인간성의 차원에서 탐구되는 그 자리. 자신의 인지적 사유를 통해 탈은폐되는 현존 속에서——또는 근대성 속에서——자기 안에en soi 있음에 그리고 자기에 대해pour soi 있음에 취해 있는 인간, 대지 위에 딛고 있는 발보다 자신의 코기토 속에 더 확실하게 자리하고 있는 인간은, 절대적으로 다른 그의 이웃과 대면하는 가운데 취함에서 깨어날 수 있고 존재-가운데-있음에서-벗어날dès-inter-esser 수 있으며 극단적으로 주의할 수 있다. 시선의 주의가 아닌 주의. 나로부터 타자로 향하는, 초월인 책임의 깨어 있음. 이 초월에서, 환원 불가능한 타자의 타자성은 나와 관계한다. 선출되고 대체 불가능하며 그래서 유일하고 또 오직 유일한 자로서의 나moi와 관계한다. 초월론적 구성의 작업이 이미 전제하는, 모든 질서 바깥 모든 형식 위의, 나je의 이 동일성 속에서 말이다. 이웃의 얼굴은 신이 관념에 오는 곳인 침묵하는 목소리를 통해 초월이 권위를 요구하는 근원적 자리가 아닌가? 무한의 근원적 자리. 우리는 그리스인이 가르쳐준 탈자적이고 형이상학적인 초월에 대해, 그리고 그 초월이 내재성의 철학으로 변전하는 사태에 대해 다루고 난 다음에야 그 반성의 끝에서 이 타자성과 초월의 차원을 그려 내게 될 것이다. 내재성의 철학에서는 초월론적 구조들이 절대적인 것의 요구들을 흡수한다. 그러나 그 요구들을 지탱하는 '나는 생각한다'의 이 자아le moi조차 유일한 자신의 동일성을 해명하지 못했다.

II. 일자의 초월

플로티노스(『엔네아데스』*Ennéades* V, 1, 6)에서 인식함^{connaître} 으로서의 또는 지성으로서의 사유는 봄^{voir}과 보여진 것^{vu}의 이중성 안에서 일자의 초월로부터, 그것의 통일 또는 정지로부터 유출된다. 다수들 사이의 어떤 관계의 '운동'도, 이미 앎^{savoir}이고 이중성인 자기-에 대한-의식의 운동조차도 이 통일 또는 정지를 방해하지 못한다. 유출 그 자체는 '부동적인 것의 운동'^{mouvement de l'Immobile}이라고 일컬어진다. 이것은 앎의 질서에서의 모순이다! 이미 플라톤의 『파르메니데스』에서 일자는 인식으로 머무는, 즉 주제화나 존재의 현존으로 머무는 사유의 모든 가능성들을, 그러한 사유의 모든 가정들을 거부한다. 이 거부에서는 변증법적인 구성조차 이루어지지 않으며, 일자는 그 거부가 갖는 부정^{négation}들에서부터 출발하여 사유될 수 있는 것으로서 정식화되지도 않는다. 그런 구성이나 정식화가 어떤 실체적 형식을 부여하여 플라톤적 대화 가운데서 일자를 환기하려는 것일 따름이라 할지라도 말이다.

일자로부터 유출된 지성^{intelligence}, 일자의 지성은 그것의 주제화 자체로 인해 이미 다수적인^{multiple} 것이다. 그러나 그 이유는 단지 가지적인 것^{l'intelligible} 으로부터 지성을 분리시키는 거리 때문만이 아니다. 일자와 거리를 지닌 것으로서의 일자의 지성은 '플라톤적 이데아들'의 다수성과 관계할 뿐이지, 지성이 스케치를 하듯 가능적으로^{en puissance} 관계했던 일자와 현실적으로^{en acte} 관계하는 것은 아니다. 일자의 지성 속에서 일어나는 낯선 정황^{conjoncutre}은 이렇다. "지성은 이 원리를 사유하지만, 그것을 그것의 단순성 속에서 파악하고자 한다. 지성은 일자에게서 떨어져 나와, 다수화하는 다른 사물들을 자신 안에 받아들인다. … 지성은 자기 시각^{vision}의 대상에 대한 어렴풋한 윤곽을 소유할 것이다. 그런 것이 없다면 지성은 대상을 자기 안에 맞아들이지 못했을 것이다. 하지만 이 대상은 하나에서 다수로 변한다. 이렇게 지성은 그 대상을 보기 위해 대상을 인식하며, 지성은 현실적으로^{en acte} 하나의 시각이 된다"(V, 3, 11). 지성은 일자의 통일성을 이미 결여하고 있거나, 현실적으로 이데아들에 도달하는 가운데 일자의 통일성을 놓친다. 그러나 다수 이데아들에 대한 지성인 이 지성은 이런 다수성에 의해 일자로부터 절대적으로 분리되지는 않는다. 이 다수성은 일자에 대한 향수로, 복귀를 갈망하는 병으로 남아 있다. 이것을 우리는 인식의 운동, 즉 봄이라고 (오늘날의 용어로 표현하자면, 앎의 의식작용-의식대상적^{noético-noématique} 지향성이라고) 부를 수 있을 것이다. 이것은 가득 차 있지만 흩어져 있다. 지성은 다름 아니라 흩어져 있는 것으로서, 일자의 통일성과 비교하자면 결핍의 상태이다. 그렇지만 일자가 이런 결핍 자체를 통해 예감되는^{pressenti} 것 같은 꼴이다. 마치 인식이, 그것의 봄의 흩어짐 자체로 인해 또한 열망이어서, 자신이 보고 주제화하는 것 너머로 나아가고 그래서 다름 아닌 초월이 되는 것 같다. 인식의 다수적 합리성이 지닌 결여 자체로 인해 인식은 열망이 된다. 마치 다수적 본질에 대한 인식의 분산적 접근이 접근 불가능한 일자를 향한 신앙심^{piété}——플로티노스가 기도^{prière}라고 말하는(V, 1, 6)——이기라도 한 듯이 말이다. 지성의 인식 속에서, 가지적인 것 속에서 일차로부터 떨어져 있기에 발생하는 애매성 혹은 위험. 이 가지적인 것의 다수성은 '고국'patrie에서 멀리 떨어져 유지될 수 있다. 하지만 그렇기 때문에 그 다수성은 결핍으로서, '은연중에'en creux 거기에[고국, 즉 일자에] 매여 있을 수 있다. 유출의 더 낮은 다음의 단계에 딱 맞게, 지성으로부터 분리되어 지금-여기ici-bas의 사물들 사이로 흩어지는 영혼은 자신을 거둬들일 수 있고 '높은 곳에서 들려오는 목소리를 들을' 준비를 할 수 있다. 이 '자신을 거둬들임', 이 '자기로의 전향', 이 앎은 자기의식 속에서 이미 열망함이다. 자기보다 더 높은 곳을, 지성의 가지적인 것을, 따라서 일차를 열망하는 것이다.

이 향수, 이 신앙 또는 현재의 가지적인 것 너머 그 위로 지성을 향해 나아가는 이 거둬들임은 철학, 즉 지혜에 대한 열망이다. 이것은 앎이나 재현이 아니라 사랑이다. 지적인 것이 지식에 자신을 내어주는 것과는 다른 지혜에 대한 사랑. 이렇게 초월 자체가 되는 철학. 일차와의 통일이자 일차와의 융합으로서의 철학은 우리가 여기서 그 단계들을 상기할 수 없는 탈자적 여정 속에 새겨진다. 그렇지만 이 탈자적 여정은 지성에서 시작한다. 지성이 일차에 대한 자신의 결핍 속에서 초월된다 하더라도 그렇다. 일차를 향한 초월과 더불어 통일이 가능해진다. 플로티노스 학파가 스승에 의해 효과적으로 달성된 성취의 이 순간들에 기울인 관심을 고려하는 것이 중요해 보인다. 일차와의 통일은 유토피아적 이상이 아니다. 그것은 승리한 초월인 열망으로서의 사랑이 아니라 통일으로서의 사랑이다. 사회성 자체 속에서 유효한 초월 관념, 황홀경extase

속에서보다는 근접성 속에서 유효한 초월 관념은 그리스의 사유에는 낯선 것으로 남을 것이다. 이 사유의 고전적 방식은 신플라톤주의를 거쳐 서양 철학에 전해질 것이며, 헤겔에 이르기까지는 철학이 열망 속에서 자신의 불-만족을 인식하지 않을 수 없게 할 것이다. 이미 불행한 의식이라는 관념! 자신이 결여하고 있는 것을 자신들이 '은연중에' 지니고 있다는 이유로 불만족 안에서——심지어 열망으로서의 사랑 안에서——전적으로 만족하는 것, 지혜에 대한 단순한 사랑, 즉 철학 안에서 지혜를 전적으로 포기하는 것은, 언젠가는 비난 투의 호칭인 낭만주의로 간주될 것이다. 철학, 철학 이외의 것이 아님에 언제나 불만족하는 철학! 일자를 줄어들게 하지 않은 채 일자에게서 흘러나온 것으로부터 일자로 복귀하는 것——'존재-너머'의 원천과의 합치——은 지성이 일자로부터 분리된 가운데 거기에서 출현한 철학에겐 중대한 일일 것이다. 복귀에 대한 열망은 정신의 숨결 자체이다. 그러나 일자의 완전한 통일은 정신보다, 또 철학보다 더 가치가 있다. 가장 가치로운 것은 일자의 이런 초월적인 불가분성indivisibilité transcendant, 모든 다수성과 모든 수가 폐기되는 순수한 동일성이다. 그런 일은 플로티노스가 증언하는 희귀한 '순간들'에 일어난다. 이때는 거리가, 또는 인식함의 구분조차가——그것이 자기의식에서의 인식함과 인식된 것 사이의 구분이라 하더라도——흔적을 남기지 않고 사라져 버린다. 이 일자를 지성은 관념들 너머로——지성은 이 관념들의 다수성 속에서 관념들에 도달하고 그것들을 포착하는데——경건하게 열망한다. 하지만 지성은 이 관념들 속에서 자신을 성취하고 실현

하며 활동적en acte이 되고 스스로 만족한다. 지성의 노에시스가 동
등하게 하는 노에마 저편의 일자는, 신플라톤주의의 도식에 따르
자면, 이런 열망보다 나은 것이며, 또 일자가 여전히 부재하는 이런
접근보다 나은 것이다. 인식함의 시선 속에는 사랑이 있을 것이나,
인식된 것의 흩어짐을 여전히 의미하는 이 부재로 인해, 그 사랑은
자신이 추구하는 것이자 그런 추구를 흡수하는 초월적 부동성不動性
에 의해서만 가치를 갖는다. 사랑하는 자와 사랑받는 자가 구별됨
없이 일치하는, 황홀경의 운동이 폐기되고 망각되는 일자에 의해
서만 가치를 갖는다. 일자와의 완전한 통일, 전적인 영원의 '크로노
스적 포만'satiété de Cronos(V, 1, 4)은, 여전히 시간에 내맡겨진 사랑보
다, 플라톤의 『향연』에 나오는 디오티마의 가르침에 따르자면 반-
신半−神: demi-dieu으로 남아 있는 사랑보다 가치가 있다.

III. 앎의 초월성과 내재성의 철학

존재와 앎 너머에 있고 존재와 앎보다 더 나은 이런 완성된 통일을
찬양하는 신플라톤주의는 기원후 첫 수세기 동안 유럽을 지배했
던 일신론에 어떤 여정을, 또 신비로운 취향과 구원의 욕구에 대응
할 수 있는 정류장들을 제공했다. 신앙심은 지성의 활동에, 이데아
들의 다수성에 대한 활동적인 지성의 시각에 기초해서 빚어지는
것으로 이해될 수 있다. 이 지성의 시각은 자신이 가진 '잠재적인
en puissance 윤곽'을, 자신이 지닌 '일자의 계획'을 현실화했던 것이

아니라, 자신의 결핍 자체로 인해 거기에[윤곽이나 계획에] '상대적으로 묶여' 있었다. '기도'는 이런 관계의 메타포를 표현했다. 인식의 사유와 지성이 최일선에 이르는 데 있어서의 이와 같은 부재에 의한 현존을 은유했던 것이다. 현존으로서의, 존재와 존재들로서의 인식, 이것은 특정한 이데아들/관념들의 다수성이지만, 또한 그것들의 모임rassemblement이고, 그것들의 종합이며, 그것들의 이해compréhension이다. 그것들에 대한 통각aperception의 통일 속에서의 그것들의 공존이기도 하다. 여기서 시간적인 흩어짐은 재-현 속에서 또는 이념성idéalité 속에서 회복되는 가지성의 결여로 간주된다. 인식은 생성을 지배하는 시각인 셈이다. 서양 사상의 진화는 일자의 초월성으로부터 자신을 해방시키지만 체계의 통일 속에서, 초월론적 통일의 내재성 속에서 일자를 다시 발견한다. 내재성으로의——지각되고 포괄되며 나의 것인 세계로의——복귀. 헤겔과 후설의 근대적 주제 속에서 우리는 신플라톤주의 도식들의 매우 거대하고 거의 공식과도 같은 구조들의 윤곽을 여전히 분명하게 식별할 수 있다. 이런 구조들은 사실상 초월적 사유의 자기 회귀를 가리킨다. 헤겔에서는 '타자 없는' 무한한 사유로 스스로를 인식하는 자기의식 속에서 나타나는 동일적인 것과 비동일적인 것의 동일성을 가리킨다. 다른 영역에서 보자면, 이런 구조들은 후설의 '현상학적 환원'을 작동케 한다. 여기서 순수 의식의 동일성은 지향성——자아ego, 사유작용cogito, 사유대상cogitatum——으로 이해되는 '나는 생각한다'로서, 그 자신 안에 모든 '초월성'과 모든 타자성을 담고 있다. '모든 외재성'은, 그 스스로 또 그 자신에게서 외재화하는 주체성의 내재성으로 환원되거나 되돌아간다. 코기토 속에서의 현재의 일인칭은——여기서 헤겔과 후설은 근대 철학의 토양 위에서 스스로를 인식하는데——앎에 그것의 선천적 모임을, 앎의 자족성을 보증해 준다. 이것은 의식의 체계적 통일 및 체계로의 통합과 현재로의 통합을 예고한다. 달리 말해, 체계의, 타자인 모든 것의, 공시성으로의——또는 비시간적인 것으로의——통합을 예고한다. 이러한 철학적 주제에서 시간은 영원에, 지나가지 않는 현재에 종속하게 된다. 이 현재는 보편적이고 본질적인 법칙들 속에서 지양되지 않는다. (이 법칙들은 인간적 인내의 직접적 시간성 위에 움직이지 않는 것으로 남아 있는 비시간적 이념성을 통해, '압축 불가능'하거나 우회 불가능한, 또 우리가 뛰어넘지 못하는 지속을 변증법적 엄밀함으로 대체함을 통해, 경험적인 것의 분산을 지배한다.) 또는 시간이 영원에 종속되는 것은, 다른 구도나 기획의 눈으로 보면, '현상학적 기술'이 추상과 관념성의 뒤나 아래에서, 사변적 시간의 정식 뒤나 아래에서 모험을 무릅쓸 때다. 후설의 시간성 분석은 현존과 동시성의 용어로, 즉 기억되거나^{retenu} 예상된 현재들의 용어로 시간을 말하는 데로 귀착하지 않는가? 시간에 대한 앎! 이것은 마치 시간이 자신을 알리는 방식 혹은 자신의 현현의 요구들에 순응하는 방식 속에서 고갈되는 것과 같다. 이런 분석에서 의미를 지닌 것^{le sensé}의 의미는 오직 현재와 재현에 대한 그것의 적합함에, 하나의 주제 안으로 들어가 펼쳐지는 한 전체의 동시성에, 더 근본적으로는 현존에 대한, 즉 (동사로 이해된) 존재함^{l'être}에 대한 그것의 적합함에 상응할 것이다. 마치 현존 개념 속에서——또는 현존으로 표현된 존재 개념 속에서——시간의 특권적 양태가 재현, 주제화 또는 지향성 속에서의 앎의 탄생 자체와 혼동되는 것 같다. 마치 앎이, 현존의 구체성이 모든 사유의 심성psychisme이기라도 한 듯하다. 이런 경우 현현은 의미의 의미작용signification과 합치할 것이며 이해에 호소할 것이다. 재현Vergegenwärtigung——상기와 상상——은 과거와 미래에서 현존을 떼어 낸다. 여기서 과거와 미래는 잘못-잡음méprise의, 손으로 접근 불가능함의, 따라서 이해 불가능함의 단순한 양태들이다. 또 여기서 현존은 지나간 것으로부터나 도래할-것으로부터는 이미 또는 아직 포착 불가능하다. 현존의 재현은 지성이 자신이 정초하는 이해를 위해 여전히 참조하는 최초의 파악일 것이다. 재현은 과거와 미래의 이런 '현재들'을, 우선은 포착 불가능한 이 현재들을 주제의 동시성으로 데려갈 것이다. 마치 시간이 그것의 통시성 안에서, 놓쳐 버린 영원성으로, "부동의 영원성" 또는 완전한 일자의 "움직이는 이미지"로 돌아오는 것 같은 꼴이다. 앙리 베르그손Henri Bergson은 관념들의 역사에서 최초로, 영원성의 이런 곤경 바깥에서 시간을 사유하고자 한다. 결국 그는 철학에서 시간 개념의 운명을 영원성의 결핍으로 여겨지는 생성의 운명으로서 규정하게 될 것이다.

인식함의 합리성은 일자의 절대성에 상응할 것이다. 즉, 존재의 알려진 것을 여기 이 세상ici-bas에서——명증한 현현manifestation의 내재성 속에서——재결합하는 인식, 또는 자기-자신의 초월론적 구체성을 반성 속에서 재결합하는 인식은, 채워지거나 성취된다wird erfüllt. 일자의 자기 자신과의 동등성——가정된 원형적 동등성──은 이렇게 하여 앎 속에서 합치adéquation로 이룩되며, 그래서 만-족satis-faction이 된다. 그리고 그러한 것으로서, 이 동등성은 의미를 지닌 것le sensé의 의미함signifiance 자체로, 한 문명의 비밀로 자리 잡는다. 탐구로서의 인식은 여전히 결여이지만, 도달할 수 없거나 예외적인 경우에만 도달할 수 있는 일자의 초월성에 대한 무력하고 경건한 향수가 더 이상 아니다. 진리 안에서의 존재의 현존은 포착되어 전유appropriation가 되며, 인식함은 목적론적 활동이 된다. 사유 안에서 '잠재적으로'en puissance 남아 있는 것은 또한 능력pouvoir이다. 후설의 『위기』에 따르면 목적론은 의식에 생기를 불어넣는다. 의식은 어떤 목적fin, 끝, 주어진 것, 세계로 나아간다. 인식은 지향성이다. 행위이고 의지다. **무엇인가에 도달하고자 함**auf etwas hinauswollen. '나는 바란다', '나는 할 수 있다'──지향의 어휘는 이런 것들을 연상시킨다. '나는 바란다', '나는 내게 재현한다'는 후설이 적어도 지향성에서 이해한 것들이다. 현존을 재현하거나 지배하기 위해 자신을 지-출하는/탈-사유하는dé-penser 사유. 그 현존 안의 존재는 손으로 쥠la prise en mains에 제공된다. 그것은 증여다. 과학의 가장 추상적인 분과들은 우리가 살아가는 세계 속에서, 손이 가닿는 곳에서 발견되는 사물들 가운데서 시작한다. 이것은 후설이 '생활세계'라고 부르는 주어진 세계 안에서 주어진 사물들이다. 의식의 지향성은 구체적으로 포착된다. 그것은 지각이고 개념이다. 모든 인식에서의 체화된 실천이고, 그 실천을 기술적으로 확장하고 완수하겠다는 설익은 약속이다. 인식의 상관적인 존재, 이미 이렇게──관념적이라 할 수 있을──한 존재론에 기초해서 의미를 주는signifiant 존재는, 주어진 것이고 증여이며 붙잡아야 할 à prendre 것이다. 만-족의 의미는 단순히 지각의 척도에 대한 지각된 것의 추상적 합치로 귀착하지 않는다. 만족의 구체성은 향유다. '체험된 것'은 단지 '인식의 내용'일 뿐 아니라 의미를 준다signifiant. 즉, 여기서 '나는 존재한다'의 동일성, 자기 안에서 자신을 만족시키는, 또 그럼으로써 자신의 존재 안에 머물고자 하는 코기토의 동일성이 동일화된다. 이것은 서양인의 자유로운 자기성ipséité의 동일화, 그들의 능력의 한계들 속에서의 동일화다.

장애물들만이, 즉 자연적이고 사회적인 힘 그리고 죽음만이 제한할 수 있는 자유. 지식이 단계적으로 극복할 수 있는 자연과 사회의 장애물들. '유한한 자유'라는 관념을 믿게 만드는, 떠맡을 수도 이해할 수도 없는 죽음이라는 장애물. 그러나 언제나 자유는 능력들에 의해 측정된다. 아마도 그들에게 본질적인 그들의 근대성 안에서, 즉 모든 가능한 것들이 허락되는 만족된 인간이라는 이상 속에서 이룩한 서구인의 경이로움.

그러므로 우리가 제기하는 물음들은 이제 다음과 같이 정식화할 수 있다. 사유는 붙잡힌 절대적인 것을 포괄하거나 관념론과 철학적 실재론의 애매성을 통해 절대적인 것으로 소멸됨으로써, 모든 타자성이 결과의 통일 속으로 또는 동일적인 것과 비동일적인 것의 동일성 속으로 사라지게 하는 서임敍任: investissement 으로서만 사유되는가? 절대적인 것을 사유하는 사유는 오직 욕구, 결핍, 향수를 의미하거나 만족, 성취, 향유를 의미할 뿐인가? 시간의 통시성은 현존의 결핍만을, 향수만을 의미하는가? 사유는 인식에 의해서와는 다른 방식으로 또 인식 속에서와는 다른 방식으로 절대적인 것에 접근할 수 없는가? 그리하여 이런 접근에 의해 탁월해지고, 일차로의 복귀나 통일과의 일치보다 더 나아질 수는 없는가? 중요한 것은, 사유가 근본적으로 앎이라는, 즉 지향성——의지와 재현——이라는 전승된 철학의 지배적 견해가 지닌 한계들을 드러내는 일이다. 우리의 분석은 지향적 행위에 대한 반성에서 출발할 것이다.

IV. 다른 인간과의 관계

우리는 후설 현상학에서 제시되는 그런 지향성으로부터 출발한다. 지향성에서는 사유가 존재와의 관계 속에서의 앎과 동등하다는 점이 가장 직접적인 방식으로 공식화된다. 후설은 영혼의 정서적이고 활동적인 삶으로부터 원래의 비주제적인 지향성 관념을 끌어냈지만, 그 기초로 재현——대상화하는 행위——을 고수하였다. 이 점에서 후설은 브렌타노Franz Brentano의 테제를 받아들이는 셈이다. 그가 이 테제를 새롭게 정식화하면서 보인 온갖 신중함에도 불구하고 말이다. 그런데 앎은 그 자체로 의식의 타자와 맺는 관계이며, 앎의 대상인 이 타자에 대한 겨눔visée 또는 의지라고 할 수 있다. 후설은 의식의 지향성을 검토하면서 "그것이 본래적으로 이 이르고자 하는 바"worauf sie eigentlich hinauswill를 알고자 한다. 지향이라는 단어가 이미 시사하는 이런 의지는 의식의 통일들에 주어진 행위들actes을 호명하는 것을 정당화한다. 진리의 직관 속에서 얇은 채움으로, 대상에 대한 열망의 만족으로 묘사된다. 어떤 존재의 구성과 동등한 그 존재에 대한 지배력. 의식 자체의 독립성과는 다른, 존재 안에서의 모든 독립성을 중지시키는 초월론적 환원은, 이런 중지된 존재를 노에마로서 다시 발견하며, 이 존재를 충만한 자기의식으로 인도한다──또는 인도해야 한다. 절대적인 존재로서 자신을 긍정하고 자신을 하나의 자아──모든 차이들을 가로질러 스스로를 "그 자신의 또 우주의 주인"으로 동일화하는 자아, 자아의 이 지배에 이의를 제기하는 그 모든 어두운 구석들을 밝힐 수 있는 자아──로 확증하는 자기의식으로 말이다. 만약 구성하는 자아가 어떤 영역에 부딪혀서 다른 견지에선 자신이 구성했다고 볼 수 있는 것에 육체적으로 뒤얽혀 있음을 발견하게 된다 해도, 여기서 이 자아는, 더 이상 대상적 세계의 외재성을 갖지 못하는 육화의 내밀성에 의해, 마치 자신의 피부에 존재하듯 세계에 존재하는 것이다.

그러나 환원된 의식──이 의식은 그 자신에 대한 반성 속에서 지각과 과학에 속하는 자신의 고유한 행위들을 세계의 대상들로서 재발견하고 지배하며, 그럼으로써 자신을 자기의식과 절대적 존재로 확증하는데──은 또한, 한 걸음 더 나아가 보면, 어떠한 자발적 겨눔도 없이 그 자신에 대한 비-지향적 의식으로 남아 있다. 자신이 알지도 못하는 사이에 세계와 대상들을 자신에게 재현하는 활동적인 자아의 앎으로 실행되는 비-지향적 의식. 환원된 의식은 이런 의식 속에서 '행위하고' '바라며' 지향들을 갖는 자아의

식의 모든 지향적 과정을 동반한다. '간접적이고' 암묵적인implicite, 자아에 앞선 어떤 시작도 없고 겨눔도 없는, 의식의 의식. 나 없이 나를 늙게 만드는 지나가는 시간으로서의 수동적 의식. 자기의 비매개적 의식, 비-지향적 의식. 이것은 반성과 구분되며, 사실 비-지향적인 것이 자신을 내적 대상으로 제공할 법한 내적 지각과도, 또는 반성이 그것으로부터 잠재적인 메시지들을 명확히 하기 위해 대신하고자 할 법한 내적 지각과도 구분된다.

초월론적-자아 및 자신의 정신적 상태와 행위들을 대상으로 삼는 반성의 지향적 의식은 또한, 비-지향적인 체험된 것에 대한 그 의식의 모든 양태들, 말하자면 암묵적인 양태들을 주제화하고 포착하거나 설명할expliciter 수 있다. 거기서 지향적 의식은 철학에 의해 철학의 근본적 기획 속에 초대되는데, 이 기획은 지향적 의식이 자신의 지평들과 함축implicite, 또 자신이 지속하는 시간조차 망각하는 한 의식의 불가피한 초월론적 순진함을 해명하는 데서 성립한다.

그리하여 사람들은——어떤 의심도 없이 매우 빠르게——철학에서 비매개적인 이 모든 의식을 오로지 불-명료한in-explicite 지식이라고, 또는 충만한 빛으로 인도해야 할 아직 모호한confuse 재현이라고 여기게 된다. 주제화된 세계의 애매한obscur 컨텍스트, 이것을 지향적 의식인 반성이 명석하거나 판명한 주어진 것들로 바꾸게 될 것이다. 지각된 세계 그 자체 또는 환원된 절대적 의식을 제시하는 그러한 주어진 것들로 말이다.

그럼에도 불구하고 다음과 같이 묻는 것은 금지되지 않는다.

자기의식으로 간주되는 반성적 의식의 시선에서, 지향적인 것의 대응물로 체험되는 비-지향적인 것은 자신의 참된 의미를 보존하고 또 넘겨주는가? 내성introspection에 대해 전통적으로 행해진 비판은 언제나, 탐색하고 주제화하며 대상화하는 반성의 조심성 없는 시선 아래 이른바 자발적 의식이 겪어야 했을 변양을 어떤 비밀에 대한 침해와 몰이해가 아닐까 의심해 왔다. 언제나 반박되는 비판, 언제나 다시 살아나는 비판.

우리는 묻는다. 도대체 이 비-반성적 의식에서는 무엇이 일어나는가? 오직 선-반성적인 것으로 간주되는, 그리고 암묵적인, 그러니까 지향적 의식을 동반하는——이때 지향적 의식은 반성을 통해, 사유하는-자아가 세계에 출현하고 세계에 속한다는 듯, 사유하는 자기-자신을 지향적으로 겨누는데——이 비-반성적 의식에서 말이다. 이 모호함이라는 것이, 이 암묵성implication이 어떤 식으로든 긍정적으로 의미할 수 있는 것은 무엇인가?

선-반성적 자기의식의 '앎'은, 정확히 말해, 과연 아는가? 모호한 의식, 모든 지향에 앞선 암묵적 의식——또는 모든 지향에서 벗어난 지속——, 이런 의식은 행위가 아니라 순수한 수동성이다. 단지 그 의식이 존재하기를-선택하지-않은-존재être-sans-avoir-choisi-d'être이기 때문이라거나, 하이데거의 내던져져 있음Geworfenheit에서처럼 그 의식이 모든 떠맡음assomption에 앞서 이미 실현된 가능성들의 뒤섞임 속으로 추락하기 때문이 아니다. 자기에 대한 앎을 의미하는 것이 아닌 '의식'은 현존의 지워짐 혹은 현존의 조심성discrétion이다. 시간의 순수 지속. 현상학적 분석은 이것을, 확실히,

반성 속에서 파지réterntion와 예지protention ── 이것들은 시간의 지속 자체에서 불명료한 것들로 남아 있는데 ── 에 따라 지향적으로 구조화된 것으로 묘사하긴 한다. 절대적으로 자아의 활동성 바깥에 있는, 자아의 모든 의지에서 벗어난 지속, 이것은 노화vieillissement 처럼, 아마 과거를 복원하는 그 어떤 기억 행위도 그 불가역성을 되돌리지[1] 못하는 시간 경과laps의 수동성에 기초한 수동적 종합의 실현 자체일 것이다. 그 시간 경과에 의해 재현의 모든 활동성을 곧 장a limine 빠져나가는 시간의 시간성. 암묵적인 것의 암묵성은 여기서 단순히 숨겨진 앎들과 다르게를, 미래와 과거의 현전이나 비-현전을 재현하는 방식과는 다르게를 의미하지 않는가? 순수한 지속으로서의, 비-개입non-intervention 으로서의, 고집-없는-존재être-sans-insistance 로서의, 발끝으로-선-존재être-sur-la-pointe-des-pieds 로서의, 뻔뻔하게 존재하지 않는 존재être sans oser être 로서의 지속. 자아의 고집이 없는 순간의 심급이고 이미 경과인 것, "들어가면서 빠져나가는" 것! 비-지향적인 것의 이 암묵성인 나쁜 의식. 지향도 없고, 노림도 없으며, 세계의 거울을 통해 자신을 숙고하는, 안정된, 자신을 정립하는 인격의 보호 가면도 없는 의식. 이름도, 상황도, 표제titre도 없음. 현존을 두려워하는, 동일적인 자아의 고집을 두려워하는, 모든 속성을 벗어던진 현존. 자신의 비-지향성 속에서, 모든 의지함vouloir의 저편에서, 모든 잘못에 앞서서, 자신의 비-

---

1) 원문에는 revertir로 나와 있는데, 문맥으로 미루어볼 때 reverser의 오기로 보인다.─옮긴이

지향적 동일화 속에서, 동일성은 자신의 긍정 앞에서 물러나고 동일화의 자기 복귀가 고집할 수 있는 것 앞에서 불안해한다. 나쁜 의식 혹은 수줍음timidité. 유죄성culpabilité 없는, 그러나 고발된 의식. 자신의 현존 자체에 책임을 지는 의식. 서임되지-않은 자의, 정당화되지-않은 자의, 「시편」 저자의 표현에 따르자면 '땅 위의 나그네'[2]의, 고향-없는 자의, 들어갈 데가 마땅치 않은 '거처 없는 자'의 신중함réserve. 정신적인 것의 내면성이란 아마도 본래 이런 것일 게다. 존재에서, 그의 피부에서 자신을 긍정하는 뻔뻔함의 이 결여. 세계-내-존재가 아니라 물음에-놓인-존재. 다음과 같은 점에 의거할 때, 다음과 같은 점을 '상기할' 때 그렇다. 존재 안에서 이미 자신을 정립하고 긍정하는――또는 자신을 확고히 하는――자아는, 자기성이라는 자신의 과장된 동일성을 드러내는 중에도, 즉 '나를 말하는'dire je 중에도, 파스칼Blaise Pascal의 표현에 따르면 자신이 가증스럽다haïssable는 것을 인지할 만큼 충분히 불명료한 상태로――또는 충분히 수수께끼 같은 상태로――남아 있다. 'A는 A이다'의 찬란한 우선성은 이해 가능성과 의미화의 원리이지만, 이와 같은 주권성, 인간 자아 안에서의 이 자유는 또한 겸허함humilité의 등장이라고도 말할 수 있을 것이다. '삶의 의미'에 대한 유명한――그리고 곧잘 레토릭적인――탐구 속에서 다시 만나게 되는 존재에 대한 확언과 공고화에 대한 문제제기. 이것은 마치 심리적이거나 사회적인 생명력으로부터, 또는 자신의 초월론적 주권성

---

2) 「시편」 119편 19절.―옮긴이

으로부터 이미 의미를 획득한 자아가 자신의 나쁜 의식으로 거슬러 올라가는 것과 같다.

선-반성적이고 비-지향적인 의식은 이런 수동성을 의식하는데 이를 수 없을 것이다. 만일 의식된다면, 그것은 마치 그 의식 속에서 어떤 주체의 반성이 식별되는 것과 같은 꼴이다. '격변화 없는 주격'에 자신을 위치시키는, 존재에 대한 자신의 선한 권리를 보장 받고 비-지향적인 것의 수줍음을 '지배하는' 그런 주체의 반성 말이다. 이 주체에게 그와 같은 수줍음이란 극복해야 할 정신의 유년기와 같은 것이고, 이러한 극복은 약함이 냉정한 심성에 도달한 것과 같은 것이다. 비-지향적인 것은 단적으로 수동성이다. 대격은 이를테면 그것의 '첫째 경우'다. 나쁜 의식은 불안 속에서 의미화된 실존함exister의 유한함이 아니다. 언제나 너무 이른 나의 죽음은 존재로서 존재 안에 머물고자 하는 존재를 아마 궁지로 몰 것이다. 그러나 불안 속에서도 이런 스캔들은 존재의 선한 의식을 뒤흔들지 못하며, 코나투스의 양도 불가능한 권리──이것은 또한 자유의 권리이자 자유의 선한 의식이기도 한데──에 기초해 있는 도덕을 뒤흔들지도 못한다. 반면에 비-지향적인 것의 수동성 안에서──그 '자발성'의 양태 자체에서, 그리고 이런 주체에 대한 형이상학적 관념들의 모든 형상화에 앞서서──는, 존재 안에서 자리를 잡는 정의 자체가, 지금에 대한 지식이자 지배력인 지향적 사유와 함께 단언되는 정의 자체가 물음에 놓인다. 여기에 나쁜 의식으로서의 존재가 있다. 이 물음에 놓임 속에 말이다. 물음-에-있음être-en-question, 그러나 또한 물음을 향해 있음être à la question, 응답해야 함. 이것이 바로 책임에서의 언어의 탄생이다. 말해야 함, 나je를 말해야 함, 일인칭으로 존재함. 정확히는 대격인 나moi로 있음. 그러나 그렇게 해서, 대격의 나로 있음을 긍정하는 가운데 자신의 존재 권리로부터 응답해야/자신의 존재 권리를 책임져야répondre de son droit d'être 함. "자아le Moi는 가증스럽다"는 파스칼의 문장의 의미를 여기에 이르기까지 사유해야 한다.

　어떤 익명적인 법, 어떤 법률적 실체의 추상에 따라서가 아니라 타인에 대한 두려움 속에서 자신의 존재 권리를 책임져야 함. 나의 세계-내-존재 또는 나의 '태양 아래의 자리', 나의 집chez-moi, 이런 것들은 타자들에게 속하는 자리를, 즉 이미 나로 인해 제3세계에서 억압받거나 굶주리고 추방당한 이들에게 속하는 자리에 대한 찬탈이 아니었을까. 즉 그것은 배척이고 배제이고 추방이며 약탈이고 살해가 아니었을까. "태양 아래의 나의 자리"란 "모든 대지에 대한 찬탈의 시작이고 찬탈의 이미지"라고 파스칼은 말했다.[3] 이것은 나의 실존함이──그 의도와 의식의 무고함에도 불구하고──폭력과 살인으로 이룰 수 있는 모든 것에 대한 두려움이다. 이것은 나의 '자기의식'의 배후에 있는 두려움이며, 존재 안에 머물려는 집착이 선한 의식으로 얼마나 되돌아가든 갖게 되는 두려움이다. 그것은 나의 현존재Dasein의 바로 그 현/자리Da가 누군가의 자리를 차지하는 것이 아닐까 하는 두려움이다. 이것은 자리를 가질 자격이 없음을, 심오한 유토피아를 의미한다. 타인의 얼굴로

---

3) 블레즈 파스칼, 『팡세』(Pensées) 295절 참조.─옮긴이

부터 내게 다가오는 두려움.

　나는 다른 인간의 얼굴이 의미 있는 것^{le sensé}의 본원적 자리라고 이미 말했다. 나타남의 현상적 질서로 얼굴이 침입하는 사태를 간단히 다시 묘사해도 될까?

　타자의 근접성은 얼굴의 의미화^{signifiance}이다. 이것은 곧바로, 지각 속에 나타나는 그 현존의 가면으로 얼굴을 끊임없이 다시 덮으려는 조형적 형식들 너머를 의미한다. 끊임없이 얼굴은 이러한 형식들을 꿰뚫는다. 모든 특수한 표현에 앞선──그리고 이미 자기에 주어진 자세와 태도로 그 표현을 다시 덮고 또 보호하는 모든 특수한 표현 아래의──표현 그 자체의 벌거벗음과 궁핍. 즉 극단적 노출, 무-방비함, 상처받을 수 있음 자체. '총구를 들이대는' à bout portant 조준에 대해서처럼──모든 인간적 겨눔 앞의──극단적인 노출. 서임된 자의, 쫓기는 자의──모든 사냥과 모든 몰이 앞에서 쫓기는 자의──송환. ~과 마주함의 그 올곧음 안에서의 얼굴, 보이지 않는 죽음에, 비밀스러운 고독에 노출되는 올곧음. 탈은 폐된 것의 가시성 저편의, 그리고 죽음에 대한 모든 지식에 앞선, 죽지 않을 수 없음. 최초 범죄의 폭력을 부추기고 인도하는 표현. 살해하는 범죄의 직접성^{rectitude}은 얼굴의 노출이나 표현에 대한 그것의 겨눔 가운데 이미 독특하게 맞춰져 있다. 최초의 살인자는 아마 자신이 입힐 타격의 결과를 알지 못할 것이나, 폭력의 겨눔은 죽음이 피할 수 없는 올곧음으로 이웃의 얼굴에 작용하게끔 하는 선^{線; ligne}을 발견하게 한다. 가해진 타격과 죽이려는 화살의 궤도로 그려진 이 선.

그러나 얼굴을 그것의 표현 속에서——그것의 죽지 않을 수 없음 속에서——이렇게 마주함은 나를 소환하고 내게 요구하며 내게 요청한다. 마치 타인의 얼굴이 마주하게 하는 비가시적인 죽음——이것은 순수한 타자성이며 어떤 방식으로든 모든 전체로부터 분리된 것인데——이 '나의 일'이라는 듯이. 비가시적 죽음은 타인의 벌거벗은 얼굴에서 이미 타인과 관계한다. 마치 이 죽음이 타인에게는 알려지지 않은 채, '나를 바라본다'는 듯이. 나와의 대질에 앞서서, 즉 그것이 나 자신의 얼굴을 뚫어지게 쳐다보는dévisage 죽음이 되기에 앞서서 그렇게 한다는 듯이. 다른 인간의 죽음은 나를 고소하고 나를 문제 삼는다. 마치 죽음에 노출된 타자에게 보이지 않는 이 죽음에 대해, 내가 나의 잠재적인 무관심indifférence으로 인해 공범이 된다는 듯이. 마치 그 죽음이 타자로부터 나 자신에게 주어지기 이전에도, 내가 타자의 이 죽음에 답해야 하고, 또 타인을 그의 죽음의 고독 속에 홀로 내버려 두어서는 안 된다는 듯이. 타인이 이웃이 되는 것은, 나를 소환하고 나에게 요구하며 나를 요청하는 얼굴을 통해 나의 책임을 바로 이렇게 불러내는 가운데서다. 다름 아닌 이런 문제제기 속에서다.

나에게 요청하고 나를 문제시하며 나에게 호소하는, 타인의 죽음에 대한 나의 책임에 호소하는 이런 방식은, 바로 여기에서부터 죽음의 의미가 이해되어야 할 만큼 환원 불가능한 의미작용이다. 그 의미는 부정과 무화로 귀착하는 폭력에 기초해서 죽음을 말하게 되는 존재 및 그것의 부정의 추상적인 변증법 저편에서 이해되어야 하는 것이다. 죽음은 나로 하여금 타인을 그의 고독 속에 내버려 두지 못하게 하는 바의 그 구체성 속에서, 나에게 건네진 이 내버려 둠에 대한 금지 속에서 의미를 준다. 죽음의 의미는 인간 사이에서 시작한다. 본래 죽음은 다른 인간의 근접성 자체 속에서 즉 사회성 속에서 의미를 준다. 신이 내게 관념으로 오게 하는 명령이 내게 의미를 갖는 것은 타자의 얼굴로부터인 것처럼.

타인에 대한 두려움, 다른 인간의 죽음에 대한 두려움은 나의 두려움이다. 그러나 그것은 결코 두려워 떪s'effrayer이 아니다. 이렇듯 타인에 대한 두려움은 『존재와 시간』이 정감성affectivité에 대해, 처해 있음Befindlichkeit에 대해 내놓은 감탄할 만한 현상학적 분석과 뚜렷이 구분된다. 그것은 대명 동사의 형태로 표현되는 반성된 구조인데, 거기서 감정émotion은 항상 어떤 움직이는émouvant 것에 대한de 감정이자 또한 자기 자신을 위한/을 향한pour 감정이다. 거기서 감정은 움직여지는s'émouvoir 데서, 즉 어떤 것에 대해 두려워 떨고 어떤 것에 대해 즐거워하며 어떤 것에 대해 슬퍼하는 데서 성립할 뿐 아니라, 자기를 위해 스스로 기뻐하는se réjouir pour soi 데서, 자기를 위해 스스로 슬퍼하는s'attrister pour soi 데서 성립한다. 나는 나의 죽음에 대해 불안해하고 걱정한다. ~에 대해와 ~를 위해/향해라는 이중의 지향성, 따라서 자기 자신으로의 복귀, 자기를 향한 불안으로의, 자신의 유한함을 향한 불안으로의 복귀. 개에 대한 공포 속에서의, 나의 죽음을 향한 불안. 다른 인간을 위한 두려움은 나의 죽음을 위한 불안으로 되돌아가지 않는다. 그 두려움은 하이데거의 현존재의 존재론을 넘어서며, 이 존재 자체를 위해 있는 현존재의 선한 의식을 넘어선다. 이 정감적 동요 속의 윤리적 깨어남éveil

과 윤리적 주의注意. 하이데거의 죽음-을-향한-존재는 확실히 존재
자에게 있어 그의 이-존재-자체를-위한-존재être-en-vue-de-cet-être-
même의 종말이며, 이 종말의 스캔들이다. 하지만 이 종말에는 존재
의 그 어떤 가책도 일깨워지지 않는다.

V. 윤리적 초월과 철학

이-존재-자체를-위한-존재의 본성적인 것——이것과 관련하여
모든 사물들이, 그리고 다른 인간조차 의미를 갖는다고 보이는
데——속에서 본질적인 본성이 문제시된다. 타인의 얼굴——여기
선 현상의 한가운데서, 그것의 빛 자체 속에서 우리가 영광이라고
지칭할 수 있을 의미화의 과잉이 의미를 주는데——에서 출발하는
전환. 그 영광은 내게 요구하고 내게 요청하며 나를 소환한다. 이
런 요구 또는 이런 호명 또는 책임에의 이런 소환을 신의 말이라
고 불러야 하지 않겠는가? 신은 바로 이런 소환을 통해 관념에 오
지 않는가? 사유할 수 있는 것의 주제화를 통해서나, 대화dialogue
로의 어떤 초대를 통해서가 아니라 말이다. 책임으로의 이런 소환
은, 나를 타인의 얼굴 속에서 어떻게든 회피하지 않은 채 책임을
지는 자로, 따라서 유일한 자고 선출된 자로 나타내기 위해, 일반
성의 형식들——여기선 다른 사람에 대한 나의 지식과 나의 인식
이 그를 유사한 것으로 나에게 재현하는데——을 찢어버리는 것이
아닌가?

의식은 자신의 존재론적 집착 안의 또는 자신의 죽음-을-향한-존재 안의 존재로 향하는 가운데, 스스로가 궁극적인 것으로 나아간다고 확신한다. 그러나 이 같은 모든 정향은 다른 인간의 얼굴 앞에서 중단된다. 내가 얼굴에 대해 말하면서 내세웠던 영광이라는 단어가 의미를 주는 것은 아마도 존재와 죽음의 이 너머일 것이다.

존재 안에서의 집착 배후에 놓인 인간적인 것! 자신의 존재 안에 분석적으로——또는 동물적으로——존속하는persistant 존재 긍정의 배후, 여기선 인간 개체들의 삶 속에서 또 의식적이거나 무의식적인, 그리고 합리적인 생명의 실존existence vitale을 위한 그들의 투쟁 속에서 자신을 동일화하고 긍정하며 확고히 하는 동일성의 이상적 생명력vigueur idéale이, 즉 이웃의 얼굴 속에서 요청되는 자아의 경이로움 또는 자기를 내려놓고 타인을 위해 염려하는 자아의 경이로움이, 자기 자신을 향하는 동일적인 것의 영원하고 불가역적인 회귀의 중지와 같은 것이——에포케 같은 것이——되기도 한다. 그 동일적인 것의 논리적이고 존재론적인 특권의 불가침성을 중지시키는 것이 되기도 한다. 살해에 의해서나 포괄하고 전체화하는 사유에 의해 모든 타자성을 부정해 버리는 그 관념적idéal 우선성의 중지. 타자에 대한 동일자의 관계인 양 행세하는 전쟁과 정치의 중지. 자아가 자아라는 자신의 주권성의 자리를 박탈하는 가운데, 가증스러운 자아라는 그의 양태 아래 윤리가 의미를 준다. 그러나 아마 영혼의 정신성 자체도 의미를 줄 것이며, 존재의 의미에 대한 물음, 즉 존재의 정당화 요구는 확실히 의미를 준다. 윤리는 무조건적이고 심지어 논리적으로 식별 불가능한, 모든 범주를 넘어선 자율적인 자신의 동일성의 정점에서 나je라고 말해지는 동일적인 것의 애매성을 가로질러ª travers 의미를 준다. 그러나 이 동일적인 것은 정확히 말하자면, 무조건인 동일성의 이 정점에서 스스로가 가증스러운 자아임을 또한 고백할 수 있는 자이다.

자아, 그것은 인간적인 것 안에서 일어나는 존재자의 존재의 위기 자체이다. 존재함의 위기, 그것이 성립하는 이유는 이 동사[존재하다être]의 의미가 여전히 그것의 의미론적 비밀 속에서 이해되어야 할 것이고 그래서 그것이 존재론을 요청할 것이기 때문이 아니다. 오히려 그것은 자아로서의 내가 이미 나의 존재는 정당화되는지, 나의 현존재의 바로 그 현/장소가 이미 어떤 이의 자리에 대한 찬탈이 아닌지를 자문하기 때문이다.

타인의 얼굴로부터 내게 오는 나쁜 의식. 타인의 얼굴은 자신의 죽을 수밖에 없음을 통해서 나를 견고한 땅에서——여기서 단순한 개체로서의 나는 나의 처지에서 순진하게, 말하자면 자연스럽게, 자신을 정립하고 고집하는데——떼어 낸다. 나를 물음에 놓는/문제 삼는 나쁜 의식. 정보 형태의 이론적 응답을 기다리지 않는 물음. 책임을 요구하는 물음. 여기서의 책임은 존재를 동등화할 수 없는 지식의 실패를 위로해 줄 실천적 궁여지책 따위가 아니다.

책임이란 이해와 포착에 대한 앎의 결여가 아니라, 사회성 속에서의, 육욕 없는 사랑 속에서의 윤리적 근접성의 탁월함이다.

인간적인 것, 그것은 비-지향적 의식의 내면성으로, 나쁜 의식으로 복귀하는 것이다. 죽음보다는 부정의를 꺼리고, 부정의를 행하는 것보다 부정의를 겪는 것을 택하며, 존재를 보증하는 것보다 존재를 정당화하는 것을 더 좋아하는 그런 의식의 가능성으로 복귀하는 것이다.

VI. 초월의 시간

우리는 다른 인간의 얼굴로부터 사회성의 현상학을 시도했다. 모든 몸짓에 앞서 얼굴의 그 올곧음 속에서 죽음의 비밀스러운 고독에 대한 방어 없는 노출을 읽어 내면서, 또 모든 동사적 표현에 앞서 이 약함의 근저로부터 명령하는 소리를 들으면서, 이 죽음에 무관심하게 남아 있지 못하도록, 타인을 홀로 죽게 내버려 두지 않도록, 다시 말해, 이 죽음에 공범이 될 위험을 무릅쓰고 다른 인간의 삶에 응답하도록──그렇게 내게 의미를 주는 명령을 들으면서 말이다. 타인과 마주함은 그것의 올곧음 속에서 타자성의 무-방비와 타자성의 마주섬opposition에 의미를 줄 것이다. 그것은 단순히 논리적인 타자성이 갖지 못하는 권위autorité에 의미를 줄 것이다. 논리적 타자성은 개체들과 개념들을 동일화하고 그것들을 서로 구별하거나 모순 또는 대립을 통해 관념들을──상호적으로──맞세울 따름이다. 반면에 타인의 타자성은 '너는 살해하지 못할 것이다'의 극단적 지점이며, 내 안에서 그것은 나의 실존함이 그 의도의 intentionnelle 무고함에도 불구하고 폭력과 찬탈로 범할 위험이 있는 모든 것에 대한 두려움이 된다. 현존재의 바로 그 장소/현으로부터 타자의 자리를 차지할 위험, 그래서 구체적으로는 타자를 추방하고 그를 어떤 '제삼', '제사' 세계 속에 있는 비참한 조건에 처하게 하고, 그를 죽일 위험. 이렇게 하여, 다른 인간을 위한 이 두려움 속에서 무제한적인 책임, 우리가 결코 떠날 수 없는 책임, 이웃의 임종에도 끝나지 않는 책임이 도출될 것이다. 그 책임이 그렇게 해서 귀착하는 곳이 타인의 죽음과 무력하게 대질하는 가운데 '제가 여기 있습니다'me voici라고 답하는 것일 뿐이더라도 그렇다. 의심할 나위 없이 사회성의 비밀을 보존하는 책임. 이 책임의 전적인 무상성無償性은——그것이 궁극에서 헛된 것이라고 해도——이웃에 대한 사랑이라고 불린다. 육욕 없는, 그러나 또한 죽음처럼 거부할 수 없는 사랑이라고 말이다.

일차의 통일 안에 있는 어떤 실패 또는 결여와 혼동되어서는 안 될 사회성. 자신의 존재 권리를 보장받은 존재자의 존재 안에 놓인 자연적 집착의 깊은 곳으로부터, 자아의 본래적 동일성의 한가운데서——그리고 이런 집착에 대항해서, 이런 동일성에 대항해서——타인에 대한 책임이 타인의 얼굴 앞에서 깨어나 일어선다. 사실 나는 모든 서원誓願; vœu에 앞서avant, 나 자신에 현전하거나 자기로 돌아가기에 앞서, 타인에게 바쳐졌던 것이다.

이 앞서는 무엇을 의미하는가? 그것은 선험적인 것un a priori의 앞서인가? 하지만 그런 경우에 그것은 생득성의 "깊디깊은 옛날"[4]

---

4) 폴 발레리의 시집 『매혹』(Charmes) 가운데 한 구절.—옮긴이

속에서 나는 생각한다와 상관적인 현존이 이미 되고 말 한 관념의 선결조건으로 귀착하지 않는가? 시간의 지속 속에, 순간들의 흐름으로 간주되는 시간성 속에 남겨지고 보존되거나 되살아나서, 기억에 의해 다시 재-현되고 말 그런 한 관념의 선결조건 말이다. 그렇게 해서는 현재——플라톤의 상기 이론은 이 현재의 주권적 표현인데——의 특권이 여전히 유지될 것이며, 그래서 사유의 지각에 대한 참조는 보증을 받게 될 것이다. 또 그럼으로써 영원성의 특권이나 초월은 관념의 관념성 속에서 지나가지-않은-현재의 특권으로서 긍정될 것이다. 시간의 지속이나 통시성은 인간의 유한한 의식 속에서 단지 영원성의 은닉이나 변형 혹은 결여로 여겨질 뿐이다. 또한 나는 생각한다의 특권, 이것은 시간보다 더 '강'하며, 시간의 흩어진 그림자들을 초월론적 통각의 통일 아래로 다시 모은다. 이 통일은 내용들의 모든 이질성보다 더 강한, 형식들 가운데 가장 견고하고 가장 형식적인 것인데, 이는 경험의 다양을 포괄하고 재포획하여 동일화하기 위해서다. 경험의 다양은 그것이 편입되는 존재의 앎 속에서 동일화된다. 오래된 일자의 회복. 동일화하는 나 혹은 나는 생각한다는 이성이자 합리성의 로고스일 것이다. 존재론은 그리하여 존재를 이중화하는 앎으로서뿐 아니라, 존재의 동일성의 그 자신을 향한 궁극적 회귀로, 즉 일자로의 회귀로 해석될 것이다.

반대로, 현재로 환원 불가능한 과거는 타인을-위한-책임의 윤리적 앞섬antériorité 가운데서, 나의 권리를 보증하는 나의 정체성을 참조하지 않으면서 의미를 주는 것처럼 보인다. 제가 거기 있었습니다me voilà라는 말은 그러한 책임 속에서, 결코 나의 잘못도 아니고 나의 행위도 아니었던 것을 향해 되던져진다. 결코 나의 능력이나 나의 자유 안에 있지 않았던 것, 기억으로부터 내게 오지 않는 것을 향해 되던져진다. 과거의 윤리적 의미화. 이것은 나와 관계하는 과거이고, '나를 응시하는' 과거이며, 모든 상기와 모든 파지와 모든 재현과 기억된 현재에 대한 모든 참조 바깥에서 '나의 일'인 과거이다. 나의 현재로 환원 불가능한 순수한 과거의, 즉 근원적 originaire 과거의 윤리 안에서의 의미화. 다른 인간을 위한 책임으로부터 출발하는, 기억 불가능한 과거의 근원적 의미화. 인류의 역사에 대한, 나를 응시하는 타자들의 과거에 대한 비-지향적인 나의 참여.

타인을 위한 책임은 오래 전 '나는 생각한다'에 주어졌고 이 '나를 생각한다'에 의해 다시 발견되는 한 관념으로 거슬러 올라가는 사유로 귀착하지 않는다. 주권적 자아의 자연적인 자기보존 경향conatus essendi은 타인의 얼굴 앞에서, 윤리적 주의注意 안에서 의문시된다. 여기선 자아의 주권성이 '가증스럽다'고 인식되고, 태양 아래의 자신의 자리——'모든 대지에 대한 찬탈의 이미지이고 찬탈의 시작'——가 부각된다. 이웃의 얼굴 속에서——하나의 명령으로서——의미화되는signifiée 타인을 위한 책임은 내 안에 있는 '초월론적 통각'의 단순한 양태가 아니다.

'타인의 얼굴 앞에서'라고 우리는 말했다. 정확히 말해서, 우리는 여기서 전치사 앞에서devant를 사용할 수 있는가? 이렇게 말하는 가운데 얼굴의 의미작용과 이미 얼굴을 덮어 버리는 재현의 조형적 형식들을 혼동하지 않았는가? 자신의 형식적 벌거벗음 속에서—또는 형식들에서 벗어난 채—, 얼굴은 죽을 수밖에 없음을 표현하고 하나의 시작에 의미를 주는데 말이다. 우리는 이런 조형적 형식들을 해-체하는 의미의 끊임없는 잉여를 이미 잘못 인식하지 않았는가? 재현되는 게 아니라—현재화되는 게 아니라—권위나 영광을 지닌 명법impératif으로 의미를 주는 잉여. 비록 매우 일반적이고 급한 길이긴 하지만, 우리는 명령의 이 영광스러운 의미화의 방식으로, 말하자면 이 원초적 명법의, 이 원초적 초월의 '명법성'impérativité으로 되돌아가야 한다.

타인의 얼굴은 나와 관계한다. 그렇다고 해서 그 얼굴이 명령하는 타인을-위한-책임이 나로 하여금 한 존재자의 주제적 현존으로 거슬러 올라가도록 하진 않는다. 그럴 경우 그 존재자는 이 명령의 원인이나 원천이 될 것이다. 실제로 여기서 중요한 것은, 먼저 한 명령ordre을 지각하면서 받아들이고 뒤이어 결정과 의지 행위를 통해 그것에 복종하는 것이 아니다. 복종의 예속은 얼굴의 이 근접성 속에서 명령의 이해에 앞선다. 명령의 이해에 앞서는 복종, 이것은 명령commandement의 극단적인 긴급성을 측정하고 입증한다. 여기에는 하나의 명령을 인식하는 '나는 생각한다'가 내세울 수 있을 연역의 요구들이 끝도 없이 덧붙여진다. 긴급성, 이 긴급성 때문에 명법은 '만사를 제쳐 놓은'toutes choses cessantes 정언적catégorique인 것이고, 환원 불가능한 예속인 것이다. 다시 말해, 그 명법은 수동성에서 능동성으로의 회귀에, 언제나 맞아들임의 자발성으로 자신을 전환시키는 지적 수용성을 특징짓는 회귀에 자신을 맡기지 않는다.

그러나 "명령의 이해에 앞서는 복종의 예속", 이것은 단지 터무니없음이고 불합리한 시대착오anachronisme인가? 이것은 오히려 지식의 지성주의를 정확히 깨뜨리고 절대적 명령에 대한 복종 속에서 미래의 통시성 자체를 그려 내는 불어넣어짐inspiration의 역설적 양상에 대한 묘사가 아닌가? 이것은 미래가 현재를 명령하는, 절대적으로 환원 불가능한 비길 데 없는 방식이 아닌가? 여기서는 이런 관계 방식이, 명령을 통한 이런 '변용'과 이런 수동성이나 인내가, 모종의 '동시성'으로 환원되지 않는다. '현재'와 '미래'의——비록 부분적이거나 일시적이라 하더라도——모종의 겹침 superposition 으로 환원되지 않는다. 또 미래futur가 미-래/올-것à-venir 속에서, 즉 예견의——또는 예지protention의——포착saisir 속에서 지배되지도 않는다. 두려움이나 희망의 재현이 시간의 통-시성과 명법의 과도함 및 권위를 가려 버리지도 않는다. 불어넣어짐은 앎의 지성주의를 정확히 깨뜨린다. 마치 명령이 자신에게 복종하는 바로 그 사람의 목소리 속에서 표명되는 것 같은 사태다. 이런 것이 모든 메타포를 넘어선 윤리적 의식의 목소리일 것이다. 이 윤리적 의식은 본능의 단순한 생득성도, 지향성도 아니다. 지향성에서는 나는 생각한다가 그에게 부과되는 바를 서임하는 결정권을 지닐 것이다. '의식의 포획' 속에서 자신의 환원 불가능한 수동성을 주도권으로 성급하게 뒤집어 놓으며, 자신이 맞아들인 것을 같게 만들고, 모든 권위를 파괴하면서 그렇게 할 것이다. 자기를-위한pour-soi이 책임의 타자를-위한pour-l'autre 으로 전환되는 사태가 자율적인 자기를-위함 속에서 새삼스레 행해질 수는 없을 것이다. 설령 이 자기를-위함이, 완고하지만 그래도 자기 반성적인 '나는 생각한다'에 의해 이루어진 단순한 발견이라고 내세워진다 해도 그럴 것이다. 어떤 '심오한 본성'이 지닌 그때까지는 생각지도 못한 비밀스러운 양상이라고 내세워진다고 해도 말이다. 불어넣어짐이 행하는 초월.

윤리적 복종의 타율성. 불어넣어짐으로서의 그것은, 배후로부터 오는 힘vis a tergo의 펼침이 아니다. 그것은 정면face에서 온다. 하나의 주제로 접근되지 않는 다른 인간의 얼굴 속에서 의미화되는 질서에 대한 예속. 절대적 명령에 대한——진정한 의미의 권위에 대한——복종, 진정한 의미의 권위에 대한, 신의 말씀에 대한, 이 같은 복종으로부터가 아니라면 신이라 이름붙일 수 없는 조건에 대한 근원적 복종. 신체를 갖지 않으며 무신론의 부인에 그 자신을 노출하는 미-지의 신!

그러나 이 명령의 의미작용이나 내용은 불어넣어진inspiré 그 명령에 예속되는 복종과 분리될 수 없다. 즉, 다른 인간을 위한 책임은 명령 받는다. 자아의 저항 불가능한 자기로의 회귀로부터 자아를 떼어 내는 선함이, 자신의 존재에 대한 존재자의 무조건적 집착으로부터 자아를 떼어 냄이 명령으로 부과되는 것이다. 여기서 강조해야 할 것은, 타인을 위한 책임을 명령하는 명령에 대한 이런 예속의 윤리와 역전 불가능한 이 예속 안에 담긴 미래의 통시성의 통일이다. 이 미래의 통시성은 앞으로 전도되지 않는다. 그것은 불어넣어진 것으로서, 복종 속에서 재현되거나 현전되는 것 너머에 의미를 준다. 복종하도록 하는 의미를 이 너머에 주는 것은 명령의 '명법성'impéraitvité 자체와 그 선함일 것이다. 데카르트의 『형이상학적 성찰』의 「제3성찰」에 나타나는 무한 관념의 역설적 구체성, 진리들의 모든 탈은폐 배후에서의 초월의 계시.

윤리적 불어넣어짐과 미래——예언의 의미화. 우리는 예언적 불어넣어짐으로부터 미래의 통시성을 제안하고자 한다. 이 불어넣어짐은 겨눔, 지향성, 예-지pro-tension라는 후설의 발상 속에 담긴 예상의 성급함과 같은 것이 아니다. 데카르트가 그의 역설 속에서 가르친 무한 관념, 자신이 포함할 수 있는 것보다 더 많은 것을 사유하는 비길 데 없는 사유, 이것으로부터 우리는 구체적 지혜를 말하고자 했다. 타인의 얼굴을 통해 나를 다른 인간에 헌신토록 하는 명령에 대한 복종 속에 놓인 지혜를 말이다. 이것이야말로 미-래/올-것á-venir 저편의 '미래futur의 겨눔'에서, 참된 '현상학'에서 오는 것이다. 자신이 사유하는 것 이상을 사유하는 사유 또는 사유하는 가운데 사유함 이상의 것을 행하는 사유. 왜냐하면 사유는 그 자신이 이미 타인을 위한 책임이라는 사실을 발견하기 때문이다. 그의 죽을 수밖에 없음이, 그래서 결국 그의 삶이 나를 응시하는 타인에 대한 책임 말이다. 정언 명법을 강제하는, 미지의 신에 의해 불어넣어진, 양도 불가능한 책임의 짐을 강제하는 사유, 그러나 그럼으로써 나의 인격적 유일성을, 나의 장자자격과 선출을 확고하게 하는 사유. 타인을 위한, 그의 과거를 위한 책임의 탈-이해관심Dés-intéressement. 타인의 과거——내게는 기억 불가능한 과거——는 예언의 미래futur에서 출발한다. 만일 이런 것들이 없다면, 미-지의 신은 말 없이 그의 부정 신학을 무너뜨리면서 들을 수 없는 채로 자신의 영광 속에 머무르게 될 것이다. 자, 이것이 존재와 존재론의 얽힌 매듭을 윤리 안에서 풀어내는 시간성이다.

전체성과 전체화

대상들의 다수성——또는 동질적인 연속성 안에서는 점들이나 요소들의 다수성——이 하나의 단일성unité을 형성하거나 남김없이 사유의 유일한 행위로 편입될 때, 우리는 하나의 전체tout를 인식하게 된다. 전체를 전체이게끔 하는 전체성은 전체의 동의어로도 사용된다.

전체와 전체성이란 개념은 모든 사유에, 또 모든 경험에 함축되어 있다. 이런 개념들은 범주가 그렇듯 사유와 경험을 형성하고, 그럼으로써 정의定義를 빠져나간다. 우리는 이 개념들을 다른 근본적 개념들과의 관계 속에, 특히 부분이라는 개념과의 상관성 속에 위치 지을 수 있을 따름이다. 칸트의 범주표에서, 우리는 전체성을 양의 범주 중에서, 단일성과 다수성pluralité의 종합으로 발견하게 된다. 아리스토텔레스에게서 전체성은 10개까지 범주를 열거해나갈 때도 나타나지 않지만, 『형이상학』 5권에 나오는 사유의 근본적 항들 가운데서 다뤄진다.[1]

우리는 '전체화'를 대상들이나 점들을 하나의 전체로 모으는 일이라고 이해할 수도 있고, 이런 대상들이나 점들의 다수성을 포괄하는 지적 작용이라고 이해할 수도 있다. 이 두 의미는 전체화와 전체성이 감각적 직관의 한계들에 머물러 있는 한에서 서로 상응한다. 그런 경우에는 전체화하는 사유가 이 직관의 모든 요소들을 관통할 수 있다. 전체성을 이런 수준에서 더 정확히 검토하는 것으로부터 시작할 필요가 있다. 그리고 특히, 여기에 끼어드는 사유가 자신의 단계나 척도에 머물러 있으면서 어떻게 직관을 넘어서는가를 살펴야 한다.

그러나 사유는 직관으로 접근할 수 있는 전체성들을 넘어 모든 사물들을 포괄하는 전체에 이르는 전체성들을 생각한다. 지적 행위는 지각으로부터 일어나는데, 여기서 전체는 '가시적인' 것의 한계들 속에서, 즉 이미 부분으로서, 엄밀한 의미의 사유에 나타난다. 사유는 분명 확장된 봄^{vision}, 또 기억으로 풍부해진 봄일 뿐만 아니라, 포괄하는 전체에 의해 파노라마적이 되고 제한되며 조건 지어지는 봄이다. 이제 사유는 끝까지 이해된 전체를, 그 바깥에 어떤 것도 남겨 두지 않는 전체를 지향한다. 하지만 지적 행위는 그렇게 하여 공허 속에서 떠오르지 않는가? 이러한 전체화와 이러한 전체성은 가장 순수한 형태의 사유 가능한 것에—절대적으로 무규정적인 어떤 것에—붙잡혀 있는 것이 아닌가? 가장 일반적인

---

1) 아리스토텔레스, 『형이상학』, 김진성 역주, 이제이북스, 2007, 5권 26장 '전체와 모든' 참조.—옮긴이

유類들보다 내용이 더 공허한 것에 말이다. 이런 것들은 분석과 종합 사이를 오가는 순수 논리학에 속하는 것이 아닌가? 분석은 어떤 하나의 전체 안에서 그 전체가 조건 짓는 부분들을, 여전히 분할 가능한 부분들을 구분한다. 때로는 무한하게, 때로는 절대적으로 단순한 것으로서 자의적으로 설정되는 요소들에 이르기까지 그렇게 하는 것이다. 종합은 개별 전체를 그것을 조건 짓는 더 광대한 전체의 부분으로 간주하며, 따라서 때로는 무한하게 나아가고 때로는 자의적으로 절대적인 전체에까지 이른다. 이런 형식화가 함축하는 항들로 사유된 전체성은 여전히 진리나 비-진리의 소관인가? 이것은 칸트적인 문제다. 절대적 전체성이라는 이념은 실재réalité에 대한 포착 없는 개념들의 순수한 연관으로 환원되지 않는가? 이것은 한편으론 합리성이 기초로 남아 있는 사유의 논리적 가능성들과, 다른 한편으론 존재를, 타자를 인식하기를 바라는 사유의 포부 사이의 분리divorce가 될 것이다.

그렇지만 우리는 직관의 도식 바깥에서 전체성 관념을 이해할 수 있다. 전체성을 사유하는 것은 전체화해야 할 요소들을 돌아보면서 재현을 완수하는 데서 성립하지 않을 것이다. 공허로 귀착되기는커녕, 존재의 전체성은 실재réel에 대해 부분적이고 추상적인 측면만을 제공하는 주어진 전적인 이미지인 존재의 본질 자체가 될 것이다. 진리는 오로지 그것이 존재의 전체일 때만 진리이다. 헤겔에 따르면, 전체와 주어진 것 사이의 이러한 불일치 속에서 자신의 합리성 안의 실재réalité는 구체적 보편을 향한, 즉 전적으로 규정된 보편을 향한 도정으로 나타난다. 전체는 부분들 사이에서의 그것들의 특정한 조화를, 어떤 조직화organisation를 전제할 것이다. 전체는 우주, 체계, 역사일 것이다. 전체는 그 자신의 바깥에 아무것도 남겨 두지 않을 것이다. 그것은 자유일 것이다.

전체성의 형식주의에 대한 이런 이의제기는 또한 텍스트들을 해석함에 있어 전체성 관념이 수행하는 역할 속에 반영된다. 이해해야 할 부분들은 자신이 떼어 내진 전체에 자신의 의미를 빚지고 있다. 그 전체가 그것의 부분들을 통해 자신을 내보이지 않고서는 이해될 수 없다 할지라도 그렇다. 분석과 종합은 독립적인 작용들로 있기는커녕 매 순간 상호적으로 서로를 전제한다. 해석학에서 전체성이 수행하는 역할은 따라서 이성과 전체성이 분명 분리될 수 없다는 점을, 하지만 전체성은 이성에게서 연속성의 정신 이상의 것을 요구한다는 점을 가리키는 셈이다.

그렇지만 전체를 합리적인 것 및 존재와 동일시하는 것이 서양의 유일한 사유는 아니다. 헬레니즘-유대-기독교 전통에서 비롯한 까닭에, 서양에는 초월의 불안정성이 있어 왔다. 서양인에게 전체성으로서의 자유는 또한 자유의 부정적 면모를 드러낼 수 있었던 것이다. 그래서 우리는 다음과 같이 자문해 보아야 한다. 인간의 유한함만이 칸트가 그것의 이율배반을 인식했던 전체성을 문제 삼는가? 또 이 관념의 위기는 존재가 그것에 맞세우는 저항에서, 더 낮게 말해, 자신의 전체성 안에서의 존재와 합리성의 메시지 사이의 차이에서 오는 것은 아닌가?

I. 직관에서의 전체

지각 안에서 지각된 것이 다수의 분리된 사물들로, 어떤 방식으로든 그 자신으로 만족하는 사물들로, 서로 독립적인 전체성들——게 **슈탈트**Gastalt 심리학자들이 특히 그 환원 불가능성을 강조했던 전체성들——로 즉각 모아진다는 점은 매우 주목할 만하다. 물론 이 직관적 '전체들' 각각은 개념적 사유가 끌어 내는 더 큰 전체에 속한다. 그러나 과학이 지각 대신에 제시하는 관계들의 조직 속에서, 사물들의 구체적 전체성들은 논리적 과정의 어떤 한 단계에 불과한 것이 아니다. 아리스토텔레스부터 후설에 이르기까지, 사람들은 이 전체성들의 의미를 탐구해 왔다. 아리스토텔레스에 따르면, 전체는 "포함된 사물들이 하나의 통일unité을 이루는 방식으로 포함된 사물들을 포함하는 것"[2]인데, 이 통일은 자연적 사물들에 고유한 것이어서 진정한 의미의 전체는 자연적 존재들에 부여된다. 그것들은 자연적으로physei 전체적이며, 인위적 대상들보다 더 뛰어나게 전체적이다.[3] 인간은 조각상보다 더 전체적이며, 조각상은 수보다 더 전체적이다. 구분은 합pan과 전체holon 사이에서 이뤄진다. 합에서는 부분들의 위치가 아무래도 상관없지만(물, 모든 액체들, 수들), 전체에서는 그렇지 않다(얼굴, 손). 전체는 확장이나 메타

---

2) 아리스토텔레스, 『형이상학』, 258쪽(5권 26장 1023b '전체와 모든' 항목). "포함된 것들이 하나가 되도록 포함하는 것"—옮긴이

3) "'인위적으로 전체인 것들'보다 '자연적으로 전체인 것들'이 더 많이(높은 정도로) 전체다"(같은곳).—옮긴이

포를 통해 물이나 수에 적용된다. 전체성의 형식적 개념은 이렇듯 내용에 결부된다. 이 개념은 내용으로부터 정당하게 분리될 수 있는가? 사람들은 칸트로부터 헤겔에 이르기까지 이런 점을 물어보게 될 것이다.

후설에서, 전체는 구체성의 관념 또는 '독립적 내용'의 관념에 결부된다. 추상적·의존적 내용들(예를 들면, 색과 연장, 소리와 강도 등)은 서로를 환기하며, 구체적인 것의 독립성 안에서만 존속할 수 있다. 구체성이 전체의 특징을 이룬다. 전체는 아리스토텔레스에서처럼 자연적 존재의 목적성에 기인하지 않는다. 전체는 그럼에도 내용을 필요로 한다. 하지만 후설에서 전체는 그것을 재현하는 이미지의 고정성으로 환원되지 않는다. 그 윤곽들 안에서 그려지며 '살과 뼈'chair et en os로/직접 지각에 주어지는 사물의 핵은 '이 동일한 사물의 새로운 규정들'의 가능성을, 즉 하나의 '지평'을 지시한다. 구체적 전체, 그것은 자신의 지평과 함께 주어진 것이다. 전체성은 그래서 열린 채로 남는다. 전체성은 서로 공고해지는 국면들aspects의 통합이다. 그들이 약화된다고 해서, 전체성이 폭발하진 않는다. 각각의 파열은 다른 방향에서 국면들의 전체화 과정을 즉시 재구성한다.

그것의 불완전함에도 불구하고, 이 직관적 전체는 세계의 절대적 전체성에 이르기까지 사물들을 포괄하는, 또 내적 지평과 구분되는 '외적 지평' 안에서 자신을 알리는 전체성과 구분된다. 세계는 한 독특한 대상의 전체와 다른 방식의 전체성이다.

II. 실재(réalité) 없는 전체성

세계나 절대적 존재와 같은 궁극적 전체성으로 거슬러 올라가는 것은 차이들을 허용한다. 그것의 형식주의에서조차 그렇다. 동일한 유에 속해 있는 개체들의 전체성은 한 국가에 속해 있는 인간들의 전체성과는 다르다. 후자의 전체성은 다시, 하나의 이야기를 구성하는 에피소드들의 전체성, 하나의 공간을 구성하는 점들의 전체성, 하나의 유기체를 구성하는 사지들의 전체성, 하나의 언어를 구성하는 단어들의 전체성 등과 다르다. 칸트는 조건 지음의 관계로부터 출발하여 전체성 관념을 구축한다. 이 관계는 '초월론적 논리학'에서 보여지는 관계 범주들에 기입된다. 그리고 이 조건 지음의 관계에서는 모든 직관적으로 주어진 것이 주어진 것으로서, 경험 속에서 과학적 지성에 자신을 제시하는 것으로서 머문다. 과학은 주어진 것의 조건을 탐구하지만, 조건 지어진 조건들만을 발견한다. 그런 조건들은 사실을 이해하고 법을 수립하는 데는 충분하다. 하지만 이 조건들은 이성을 만족시키지는 못한다. 이성은 무조건적인 것에 이르기까지 조건들의 모든 계열이 역진하는 종합을 요구한다. 이성은 이런 요구 자체다. 이성은 지성에게 지성의 모든 활동들을 '하나의 절대적 전체 안에' 포괄하라고 명하여, 세계라는 이념과 신이라는 이념을 사유한다. 전체화의 형식주의에도 불구하고 전체성의 상이한 목표들인 세계와 신의 이념은 감각적인 주어진 것을 넘어선다. 칸트는 이 이념들이 감각적인 것을 넘어서는 한, 어떤 존재도 표현하지 않는 관념들로 남는다는 점을 보여 준다.

여기에 존재론적 함의가 부여되자마자, 그것들은 이성을 이성 그 자체와 대립시키거나(이율배반) 이성을 탈이성화한다déraisonner. 전체성의 이념들 속에서, 이성은 이렇듯 자신의 인지적 가치를 상실한다. 앎에 대한 이성의 요구는 환상에 불과할 것이다. 서양의 합리주의적 전통에 걸맞게, 전체성의 이념은 다시 여기서 전적인 이해 가능성의 이상idéal과 합치한다. 그것은 그러므로 필연적 환상illuision nécesaire으로 남아, 과학적 지식에서 규제적 기능을 수행한다. 그러나 이제 한 간극이 이성과 진리를 분리시킨다. 칸트는 이성의 존재론적 의미작용을 문제 삼는다. 주어진 것으로서의 존재는 부분이지, 결코 전체가 아니다. 사유가 존재에 관여할 수 있는 것은 주어진 것에 관여할 때뿐이다. 전체성에 상응하는 실재가 사유될 수 없는 것은 아니다. 그것은 알려지지 않는다.

플라톤적 이데아의 과도한 합리성에 맞서서 감각적인 것과 유한한 것의 수준에서 합리성을 발견하면서, 사물들에 내재하는 아리스토텔레스적 이해가능성(이것은 지성의 개념들이 시간을 통해 드러나는 칸트의 도식론 학설에서 표현되는데)을 다시 발견하면서, 칸트의 비판철학은 전체성 관념을 강하게 흔들어 놓는다. 이제 부분적인 것은 전체의 실재 없이 의미를 가질 수 있고, 나타남apparaître은 더 이상 논리적 합리성에 의존하지 않을 수 있다. 절대적인 것이 전체화에 내맡겨지지 않기에, 우리는 이해가능성intelligibilité이 이해compréhension로, 잔여 없는 포괄로 환원되는지를 물을 수 있다. 그러나 우리는 또한, 존재 개념이 전체성 관념에 따라 다시 사유되어야 하는 것은 아닌지를 물어야 한다.

III. 진리는 전체성이다

존재는 그것이 전체성일 때만 참일 수 있다. 참인 것은 오류들까지 포함해야 한다. 오류들이 배제된다면 그 오류들은 '다른 곳'에 있게 되어 전체성을 부분으로, 즉 추상으로 환원하게 될 것이다. 앎에 대한 비판철학[칸트]의 개념화와는 반대로, 참된 사유는 주어진 것의 직접적인 것과의 단절, 직관적인 것과의 단절이다. 언제나 그것의 '시선들'vues로 한정되는(비록 이 시선들이 과학들의 결과이고자 하는 실증주의 철학이 상상하는 대로 모아진다 할지라도) 직관적인 것은 배타적이고 부분적이며 '관점들'points de vues에 의존한다. 참인 것 혹은 절대적인 것——여기서 드러나는 것은 플라톤이 말하듯, (단지 그것의 반사물에 비친 태양이 아니라) '자신의 거처에서의 태양'인데——은 주어진 한 계열의 요소들을 관통하는 종합으로부터 나오는 것이 아니고 다만 사유될 수 있을 뿐이다. 존재를 그것의 전체성 안에서 사유하는 사유는 존재를 마주보는 시선이 아니다. 재현에서 존재는 여전히 존재에서 분리된 사유에 주어지는데, 이런 재현은 아직 무규정성의 상태에 있는 존재이거나 여전히 불충분하게 사유하는 사유에 지나지 않는다.

전체화하는 사유의 참된 기능은 존재를 응시하는 데 있지 않고 존재를 조직하면서 존재를 규정하는 데 있다. 여기서 전체성의 시간적 또는 역사적 차원이라는 관념이 성립한다. 역사는 전체화해야 할 어떤 요소가 아니라 전체화 그 자체이다. 오류들이 진리인 것은, 주어진 역사적 시기에 그것들이 실재réel——여전히 부분적이지만 자신의 완성으로 나아가는 여정에 있는——를 표현하는 한에 서다. 그것들의 부분적 특성 자체는 그것들의 거부와 부정을 요구한다. 이 부정은 구체적인 것 속에서, 이성적 인간들의 행위에 의해, 즉 보편적인 것에 의해 인도되는 인간들의 행위에 의해 생산된다. 자연을 문화로 변형시키거나 주어진 것의 직접적인 것으로부터 이성을 해방시키면서 말이다. 여기에 전체를 향한 진보가, 역사의 운동 자체 또는 사유의 변증법적 운동이 있다.

그리고 시대에 뒤떨어진 진리와 그것의 부정은 '새로운' 진리를 위한 '규정적인 것들'déterminantes이 된다. 새로운 진리는 '하늘에서 만들어져 떨어지는 것이 아니라', 이런 역사적 규정의 결과로 생겨난다. 오류는 그것을 지양하는 가운데 보존된다. 오류는 진리 바깥에 있지 않다. 진리는 어떤 부정도 더 이상 가능하지 않을 때, 또는 어떤 새로운 규정도 필요치 않을 때 온전해진다. 전체화, 그것은 풍습과 제도들을 통해 합리적 보편성을 실현하는 것으로서의 인간성humanité의 역사다. 여기서 사유(주체)는 사유된 것(실체)과 더 이상 어긋나지 않으며, 여기서는 어떠한 것도 더 이상 이성에 대한 타자가 아니다. 즉, 여기서 존재는 자유이다.

전체성의 변증법적 사유는 전체 및 전체의 빛에 드러나는 그 부분들을 동시에 포착하게 한다. 이때의 전체란 아리스토텔레스에서처럼 부분들의 궁극성finalité 자체다. 존재가 그 자신에 완전히 현존하는 것 또는 자기의식, 역사의 유한으로서의 전체는 비어 있는 것이 아니다. 그것은 그것의 구체성 안에서의, 또 가장 완전한 그것의 규정성 안에서의 실재réalité다. 명철하고 자유로운 인간성,

19세기는 자신이 이것의 영광스런 서광이라고 믿었다.

IV. 해석학적 전체성

부분들을 더하여 전체성을 구성하는 일은 세계에 대한 기계론적 비전 안에서만 생각될 수 있다. 그럴 때 우리는 데카르트에서처럼 존재 안에서 또 사유 안에서 성립하는, 단순하고 그 자체로 이해 가능한 자연물들의 가능성(아리스토텔레스가 부분들의 배치에 의존하지 않는다고 서술한 전체성)을 받아들인다. 한 텍스트의, 한 문화 작품의 이해intellection는 달리 성취된다. 물론 그 이해는 부분들에서 전체로 나아간다. 그러나 부분들은 전체성에서 자신의 의미를 얻는다. 여기에는 사람들이 악순환이라고 불렀을, 전체화하고 분석하는 사유 안에서의 순환이, 상호적으로 서로를 전제하는 분석과 종합이 있게 될 것이다.

그러나 분석과 종합의 상호 전제는 하이데거가 '해석학적 순환'cercle herméneutique이라고 명명했던 것, 사람들이 악한 것이라고 잘못 부를 법한 것에 대한 재인식에 이를 수 있다. 왜냐하면 전체화의 순환적 운동은 동질적인 환경에서 작동하는 직선적 운동으로 환원될 수 없음이 분명하기 때문이다. 이 순환 운동에서 전체와 부분들은 서로를 규정한다. 전체성에 대한 이해entendement 속에는 발전적 도약들이 있을 것이다. 그 첫번째는 해석학적 순환으로 들어갈 줄 아는 데서, 직접성을 넘어서는 데서 성립한다. 부분들은 직접성에서 주어지나 아직 부분들로 파악되지 못한다. 텍스트의 해석 모델에 따라 모든 경험을, 또 아마도 사물들에 대한 모든 추론을 포섭하도록comprendre 이끌 전체성과 지성intellect 개념. 항상 다시 시작해야 할 전체화라는 발상, 열린 전체성이라는 발상! 전체성이 단순한 것의 이해compréhension에 던지는 빛을 고려하지 않은 채 단순한 것에서 복잡한 것으로 나아가는 데카르트적 지성entendement의 관습들과의 단절. 아리스토텔레스가 원했듯 전체성이 부분들의 목적fin이 되는 개념화, 그렇지만 또한, 끝없이 오고가는 운동 속에서 전체성이 부분을 유효한 것으로 만드는 개념화. 이것은 인간이 그 부분이며 그 목적일 창조 가운데서 인간을 종교적으로 또는 인격주의적으로 개념화하는 것을 정당화해 줄 것이다.

V. 전체성 너머

전체성 관념에 대한 칸트의 비판이 흔들어 놓긴 했으나 본격적인 문제로 삼지는 않았던 것은 전체화된 우주가 짊어지는 것처럼 보이는 합리성의 잠재적 면이다. 이것은 이미 소크라테스 이전 철학자들로 하여금 전체는 이것이라거나 전체는 저것이라고, 즉 물, 불 또는 흙이라고 말하면서 그네들의 지혜를 표명토록 했다.

서양 철학의 역사에서, 전체화의 불가능성 그 자체는 여러 경우에서 나타났다. 아낙시만드로스Anaximandre가 내세운 대립하는 힘들과 가치들의 이원론에서, 또 플라톤과 플로티노스가 제시한

선과 본질/존재성 너머라는 개념에서. 존재 그 자체에 관해서는, 유비적 통일만을 받아들이는 존재의 애매화équivocation에서, 또 원동자의 초월에서. 피조물과 '전체성을 이루지 않는' 초월적 신의 철학을 주장하는 관념에서. 존재 사유의 단순한 무능력이 아니라, 존재의 넘쳐흐름인——이 넘쳐흐름은 넘쳐흘러진 존재에 의해 되돌려질 수 없으며, 결국에는 이 넘쳐흘러진 존재를 환상에서 구해내는데——피히테의 당위Sollen에서. 내가 존재의 어떤 운동적 본질을 알지 못한다는 표명에 앞서 성취된 모든 전체성을 미래Avenir로부터 출발하여 다시 문제 삼는 열림인 베르그손의 지속에서. 신, 세계, 인간이 더 이상 한 전체total의 통일을 형성하지 않는다고 주장하면서 프란츠 로젠츠바이크가 행한 서양 전체성 비판에서. 인간과 인간은 이 모두를 넘어 전체를 형성하는가?

이러한 전체화 불가능성이 순전히 부정적인 것은 아니다. 그것은 새로운 관계를, 어떤 사료편찬도 전체화되고 주제화된 동시성으로 변형시키지 못하는 통시적 시간을 그려 준다. 이 통시적 시간의 구체적 성취는 인간에서 인간으로 향하는 관계, 인간의 근접성, 인간들 사이의 평화일 것이다. 그들의 머리 위나 등 뒤에서 생산되는 어떤 종합도 이 관계를 지배하지 못할 것이다. 이 관계는 그것이 한 국가의 형태 아래 생산되는 것처럼 보이는 형식들 속에서도 여전히 자신의 의미를 인간의 근접성에서 끌어온다. 인간성은 이런 개념화에선 실재적인 것réel의 영역들 중의 한 영역이 아니라, 합리성과 그것의 평화가 전체성에서와는 완전히 다른 방식으로 연결되는 양상일 것이다.

무한

철학은——유한 개념과 상관적인——무한 개념을, 한편으로는 인식의 실행에 대한 반성으로부터, 또 다른 한편으로는 종교적인 경험이나 전통으로부터 빌려왔다. 이 두 원천이 무한 개념에 결부되어 있는 의미작용의 다양성을, 그 개념이 제기하는 문제들을, 그 개념이 철학의 역사를 통해 겪는 진화과정을 규정한다. 이 용어 자체 [infini]는 명사화한 형용사다. 이 용어는 모든 한계 너머로 확장되는 사유에 제공된 어떤 내용의 속성을 가리킨다. 따라서 이 용어가 사용되는 곳은 우선, 한계가 언뜻 보기에 원초적인 의미를 갖는 경우다. 이 무한이라는 말은 늘어나는 크기들에 어울린다. 이를테면, 거주지 너머로 또는 응시하는 자리 너머로 끝없이 확장되는 공간, 시간을 도무지 잴 수 없는 시간, 더 큰 수로 이어지는 수들의 계열, 그러니까 계열을 이루는 양들에 적용된다. 그러나 무한이란 용어는 또한 연속적인 것으로서의 크기에, 내포적이거나 외연적인 연속 양quanta continua에 적용된다. 여기서는 전체의 어떤 부분도 최소의 것이 될 수 없다. 즉, 내용은 무한히 감소한다. 무한의 요람인 양은 그러나 무한의 배타적 영역이 아니다. 무한은 인간의 척도나 한계들 위에 있는 최상의 질적 탁월함을, 속성들의 신성神性을 가리킬 수 있다. 이것은 지속의 무한함을 신들의 불멸성 속에 감싸 넣는다. 다툼과 투쟁을 일으키는 신들의 다수성이 입증하는 특정한 유한함에도 불구하고 말이다. 그러나 무한은 또한 다수의 무한들 위에 놓일 수 있다. 모든 다수성 위에 있는 신-플라톤주의의 무한한 일자(이것은 존재성-너머의-선이라는 플라톤의 이념이 이미 자리했던 무한성의 전망을 드러내 준다)가 그렇고, 기독교에 의해 유럽 역사에 도입된 히브리 성경의 유일 신le Dieu Un이 그렇다. 성경은 무한이라는 용어(이 용어는 중세 카발라kabbale에선 신의 절대적 이름이 되었다En-Sof = in-fini)를 사용하지 않고서도 모든 능력 너머의 능력을, 어떤 피조물도 어떤 신성함도 제한하지 못하는, 어떤 사람도 그 길을 알지 못하는 그런 능력을 이야기한다. 어떠한 사유나 행위도 결코 도달할 수 없는, 접근 불가능한 이상idéal의 완전성. (여기서 행위의 너머와 사유의 너머가 자신이 그러하다는 것을 어떻게 사유의 행위에 알릴 수 있을까 하는 의문이 드는 것은 당연하겠지만 말이다.) 데카르트는 말했다. "내 생각에, 신은 현실적으로 무한한데 그 무한함의 정도는 매우 높아서 그가 지닌 최고의 완전함에는 더할 것이 아무것도 없다"(「제3성찰」).[1] 무한의 발상은 여기서 초월의 발상과 연결된

---

1) 데카르트, 『방법서설·성찰·데까르트 연구』, 최명관, 서광사, 1983, 102쪽(번역은 일부 수정).―옮긴이

다. 그러나 그것은 또한 능력이라는 관념 자체 안에 머문다. 능력이 전제하는 의지 안에, 바깥에 의해 규정되지 않는, 즉 한계를 갖지 않는 존재 방식인 자발성 안에 머문다. 데카르트적 신은 그렇게 의지로서 무한할 것이다. 이 의지는 선이나 악, 참이나 거짓에 의해 조금도 지배되지 않는데, 왜냐하면 의지가 그런 것들을 수립하기 때문이다. 데카르트에게서는 인간의 자유로운 의지도 이런 의미에서 무한하다고 말할 수 있을 것이다. 자유로운 의지와 초월 없는 무한의 동등성은 피히테, 셸링, 헤겔에서 무한의 사상을 고취시켰다. 니체에서 인간의 극복, 곧 초인을 그려내는 것도 의지──의지의 의지──또는 힘의 의지다. 사유하는 존재 그러나 유한한 존재의 범위 바깥에 초월이 있다고 판단하는 철학에게, 무한은 방법론적인 이념으로, 즉 유한한 것의 과학을 제어하고 그런 과학의 진보를 보증하는 원리로 여겨질 것이다. 존재 안에 상관물을 가지지 않는 이념이자 이념에 불과한 것으로 말이다.

그러나 초월은 한계들에서 해방되는 유일한 방식이 아니다. 어떤 타자도 갖지 않는 존재는 바로 그 때문에 무한할 것이다. 자기 원인이며 '절대적으로 무한한 존재'인 스피노자의 신은 이런 외래의 한계-없음을 의미한다. 신 안에 있으며 신 없이는 존재할 수도 파악될 수도 없는 모든 것을 의미한다. 이 절대자는 지적 직관으로 접근 가능한데, 상상과 구별되는 지적 직관의 특징은 바로, 자신이 숙고하는 무한에 타자로 머무르는 대신에 그 무한과 결합된다는 사태에 있다. 또한 이 절대적인 것은 헤겔이 정신에 인정하게 될 지위이기도 하다. 정신이란 곧 인간성의 역사인데, 여기서 인간들의 사유는 일면적이고 배타적인——다른 것과 대립되거나 다른 것에 의해 제한되는——지식이나 제도들을 극복하여, 보편적인 것에 의한 사유로 나아간다. 그 방식은 모순된 것들을 보존하면서 부정하는 변증법적인 어떤 방법의 일관된 담론 속에서 이루어진다. 이 담론은 모든 타자가 동일자 안에 포함되는 전체성으로 자신을 수립한다. 무한, 이것은 이제 국가와 제도들 안에서 스스로 그 자신을 규정하는 절대적 사유가 될 것이다. 이 절대적 사유는 그 제도들에 의해 효과적으로 실재Réalité가 되며, 이것을 통해 특수한 인간은 자유로워진다. 달리 말해, 무한해진다. 마치 맑스에서 모든 모순들을 해소하는, 그래서 결국 일종의 무한이 현실화되는 무계급 사회를 통해 인간이 자유로워질 것이라고 하는 것처럼 말이다. 타자의 억압이나 타자와의 화해 속에서 무한을 간취하는 일은 그럼에도 불구하고 타자가 동일자에 대해 제한이고 위협일 뿐이라는 점을 전제한다. 사실, 모든 유한한 실재에서 그렇듯, 타자가 동일자를 제한하거나 옥죄는 형식적 원리에 종속되는 인간 사회에서 대체로 사태가 그렇다는 것에 누가 이의를 제기하겠는가. 세계의, 모든 시대의 전쟁과 폭력은 이를 증명하기에 충분하다. 그러나 다른 인간——절대적 타인인 타인——의 현전은 이런 억압적인 기능으로 고갈되지 않는다. 그의 현전은 만남일 수 있고 우정일 수 있다. 이로 인해 인간은 모든 다른 실재와 뚜렷이 구분된다. 대면은 차아가 자기에 대한 자신의 제한——자아는 이 제한을 그렇게 해서 발견하는데——으로부터, 자기 안으로의 은둔으로부터, 그 모험들이 단지 오디세이에 불과한, 즉 한 섬으로의 복귀에 불과한 그런 실존으로부터 해방되는 하나의 관계다. 포이어바흐Ludwig Feuerbach와 키르케고르Søren Aabye Kierkegaard로부터 부버와 가브리엘 마르셀Gabriel Marcel에 이르는, 타인과의 만남에 대한 현대 철학의 반성들의 한 계열 전체는, 자기에 대한 자아의 이런 제한 밖으로의 탈출을 보여주고 있는데, 이 같은 탈출이야말로 무한하다는 형용사에 값한다.

I. 무한의 문제들

존재하는 것, 곧 존재자가 의식적 존재에 나타나는 사태인 인식은 주어진 것의 재현——이 주어진 것은 개별적이거나 보편적인데, 각각 직관과 지성에 관련된다——을 의미하며, 또한 탐구의 모험과 탐구의 방법을 통한 주어진 것의 지양을 의미하기도 한다. 스스로를 주는 가운데, 존재자는 어떤 특징들은 제공하고 다른 것들은 배제한다. 만일 그것이 이렇게 있다면, 그것은 달리 있지 않은 것이다. 그것의 존재성/본질essence은 정의된다. 이런 제한은, 존재 없이 한밤에 득실대는 단순히 가능적인 것들만을 배제하는 것이라고 이해될 수 있을 것이다. 그것은 앎을 어지럽히는 카오스적 무한이다. 그래서 존재성/본질은 유한한/끝을 지닌fini 것이 될 것이다. 예술 작품이 완성된다는 의미에서, 실재가 완성에 이르기까지 실현될 수 있다는 의미에서 말이다. 기술적 용어로 사람들이 끝맺음finition이라고 부르는 것이 중요하다. 끝맺음은 인식 가능성과 긴밀히 연결되어 있다. 존재성/본질의 유한함 또는 완성은 존재성/본질이 성숙해지게 하는 바로 그것이 될 것이다. 존재성/본질이 '외관을 취하고' 형식을 취하며 육화되는, 말하자면 혈색을 얻고 가시적인 것이 되게 하는 바로 그것이 될 것이다. 이것에 의해 존재성/본질은 자신을 현시하거나 자신을 수긍한다. 이것에 의해 존재성/본질은 살펴볼 수 있고 윤곽 지어진 것이 되어 존재의 윤곽을 수용성의 유연한 무규정성에 각인시킨다. 그러나 하나의 주어진 것을 맞아들이는 인식은 또한 그 주어진 것의 거부이기도 하다. 주어진 것은 가능적인 것들만을 배제하지 않는다. 주어진 것은 자신을 끝없이 넘쳐흐르는 실재의 전체성으로부터 추출──추상──된다. 이것은 마치 앎이 주어진 것 너머로 움직여 가는 것 같은 사태다. 이 너머의 높이나 단계를 재어야 한다는 생각도 없이 말이다.

인식은 드러난 형식forme에 의한 의식의 형태화/정보information가 아닐 것이다. 주어진 것의 유한함은 결여일 것이다. 그리고 주어진 것과 무한 사이의 틈은 빛이 지나가게 하는 열림을 구성할 것이다. 이것은 인식이 그것의 봄에서까지 ──그것의 사변에서까지── 간격을 되찾는 것 같은 사태다. 개념은 어떠한 정태성도 갖지 않을 것이다. 개념은 경계들이 주어진 것을 가두는 궁핍으로부터 출발하여 경계들 너머의 풍부함을 열망할 것이다. 무한의 합리성 또는 비합리성의 문제, 무한의 우선성의 문제(우리는 무한을 유한으로부터 인식하는가 아니면 유한을 무한에 기초해 인식하는가?)는 재현이자 운동인 인식의 애매한 본성에서 유래한다. 그리고 서양의 철학적 전통에서 존재가 현전의 충만함을, 또 결국 재현에의 접근을 의미하는 정도만큼, 무한의 존재 문제는 무한의 잠재성dynamisme과 충만한 현실성 사이의 가능한 또는 불가능한 화해에 의존한다. 현실적 무한infini actuel은 의미를 갖는가? 그것은 존재 자체와 같은 것인가? 그렇지 않다면 그것은 단지 규제적 이념일 뿐인가? 그것은 단순한 단어일 뿐인가? 이 모든 문제들은 무한 개념의 역사 속에 뒤섞여 있다. 거기서 무한은 물질의 비합리적 심원함abscondité과 신의 신성함——은폐와 출현——을 동시에 의미할 수 있었다. 이때 인간들의 역사적 생성은 단지 신의 신성함의 전개이거나 그 자신을 스스로 사유하는 사유의 사건——이것이 다름 아닌 인류의 역사를 요구하는데——, 즉 합리성의 사건 자체일 뿐이었다.

II. 역사적인 주어진 것들

악무한

고대의 사유는 당시의 예술과 종교에 활력을 불어넣은 완성과 척도의 이상에 충실한 까닭에, 무한을 불신한다. 무한——아페이론/무한정자apeiron——은 실현되지 않은 실재에 상응하며 그것을 포함하거나 재현할 수 있을 앎에 맞는 형식을 결여한 어둡고 모호한 사유를 드러낸다. 그렇기에 그것은 무규정, 무질서, 악일 것이다. 반면에 명석하고 이해 가능한 유한한 형식들은 코스모스를 구성한다. 무한은 환상의 원천으로서 코스모스와 뒤섞여 있어서, 플라톤의 국가의 시인들처럼 코스모스로부터 쫓겨나야 했다. 아리스토텔레스는 가능태와 현실태를 구별하고, 그럼으로써 물질의 질서인 성장과 분할의 잠재적 무한을 현실적 무한——이것은 명백한 모순일 것인데——으로부터 구별한다. 이 모순은 무한에 대한 양적 발상과 단절함으로써만 철학의 역사 속에서 극복된다. 데카르트는 이 양적 무한을 조심스럽게 무한정indéfini이라고 불렀으며, 헤겔은 이 양적 발상의 흔적을 존재해야-함의, 즉 당위Sollen의 무한에서까지 찾아내고, 이를 악무한이라고 하여 그 자격을 격하하는 데 기여했다. 19세기 말과 20세기 초에 수학자 칸토어M. B. Cantor[2]는 실수實數, 그러니까 유한수에까지 적용되는 연산 못지않게 잘 정의된 무한에 대한 연산을 발견하고, 수학에서 현실적 무한infini acutel을 언급하게 된다. 그러나 이런 개념은 공리 체계의 변형으로부터 도출되는 엄밀하게 연산적인 의미작용을 담고 있다. 아리스토텔레스에서, 존재한다는 것은 현실적으로 존재한다는 것, 수행되고 완성된다는 것이다. 실재réel에 대한 정의나 규정은 가능적인 것만 실재에서 배제한다. 그러한 정의나 규정은 가능적인 것을 실재의 전체성에서 뽑아내진 추상으로 변형시키지 않는다. 그렇지만 규정들을 받아들일 수 있는 능력으로서의 물질의 무한이 고대 사유에서 아무것도 아닌 것은 아니다. 소크라테스 이전 철학자들에게 무한 개념은 단지 부정적이고 경멸적인 의미만을 갖지는 않았다. 공간적이고 시간적인 양의 수준에서도 그랬다. (기원전 6세기의) 아낙시만드로스에게, 아페이론이라 불린 원리는 생겨나지도 변질되지

---

2) Georg Cantor를 잘못 쓴 것으로 보인다.—옮긴이

도 않는 것으로서, 모든 사물을 포괄하고 그것들 모두를 좌우하며 어떤 물질적 원소로도 환원되지 않는, 모든 사물의 원천이다. 그것은 고갈되지 않는 생산성이며, 세계들의 무한성을 생산한다. 기원전 6세기와 5세기 우주론자들은 이 발상을 다시 받아들였다. 그들에게 시간의 무한성은 영원한 순환성에 연결되어 있다. 헤라클레이토스와 엠페도클레스에서 후기 스토아학파에 이르기까지 우주의 주기성이라는 관념이 내세워진다. 즉, 이들은 중단되지 않는 시간 속에서 세계들의 뒤를 이어 세계들이 계속된다고 주장했다. 물론 이런 세계들 사이에는 어떤 연속성도, 어떤 진보도 없다. 하지만 원자론자들에게서는 언제나 새로움을 가져다주는 시간의 무한한 연속이라는 생각이 주기적 복귀의 관념을 대체한다.

플라톤은 '그의 아버지' 격인 파르메니데스에 맞서 어떤 점에선 비-존재가 존재한다고 주장함으로써 '부친살해를 범하게 된다'. 모든 사물은 무한정을, 물질을, 위치를, 연장과 분할과 성질의 (더 뜨겁거나 덜 뜨겁다는, 더 차갑거나 덜 차갑다는 식의) 더 많고 더 적음을, 순수한 무가 아닌 무한과 무규정을 포함한다. 그러나 플라톤은 무엇보다 선의 이데아와 관련해 무한을 말하지 않은 채, 이 선의 이데아를──그것의 과도한 섬광이 요구하는 여정과 실행 이후에──고정시키려는 시선을 금하지 않은 채, 선의 이데아를 존재너머에 놓고, 그럼으로써 양적인 것과는 다른 의미에서 무한의 차원──여기에 신-플라톤주의의 무한한 일자가 자리하게 될 것인데──을 연다. 아리스토텔레스에 대해 말하자면, 그는 세계의 영원성과 세계의 운동을 인정하는 가운데 이 영원한 운동의 원인 안에 현실적 무한 같은 것이 존속하도록 허용한다. 어떤 가능태도 섞이지 않은 현실태 또는 어떤 질료도 섞이지 않은 형상, 최초의 동인 즉 아리스토텔레스의 신은 자신의 사유에 대한 사유로서의 그 자신에 대해 만족하며, 이 같은 새로운 의미에서 무한하다. 비록 아리스토텔레스가 같은 말을 사용하지 않았다 할지라도, 이제 성 토마스는 성서에 나오는 신의 무한을 순수 형상의 분리와 동일시할 것이고, 헤겔은 사유에 대한 사유 안에서 절대자의 현실적 무한을 알아보게 될 것이다. 그러므로 고대적 사유의 유한과 근대적 사유의 무한을 대립시키는 것은 너무 단순한 짓이다. 그리스의 유한은 무한의 미덕들을 품고 있다. 이런 '공통의 자리/진부한 생각'lieu commun의 진리는 그렇지만 다음과 같은 점에 자리 잡고 있다. 아리스토텔레스에서 공간은 물체의 한계여서, 아리스토텔레스의 우주는 유한하며, 항성들의 하늘에 의해 제한된다. 이것이 근대의 여명에 이르기까지 우주론을 규정했던 천체관이었다.

신의 무한

헬레니즘 시대에, 그노시스의 사변들과 기독교의 교부학을 거쳐, 동양의 정신성과 철학 사이의 접촉이 이뤄진다. 무한 개념은 성경의 신의 완전함 및 전능과 동일시된다. 플로티노스(205~270)의 일자는 감각적이거나 지적인 모든 세계 너머에서 결여가 아니라 과잉으로 존재한다. 그것은 무한하고, 형식 없이, 의식과 활동 너머에 있고, '모든 결여를 결여'하고 있다. 일자로부터 유출된 정의된 형식들 속에서 물질의 무한으로 연속성 없이 흩어지는 것이 일자로 모아진다. 유한하며 정의된 존재들은 물질의 무한에 단순히 스스로를 가두는 것이 아니라 일자의 무한에서 떼어 내진 채로 머문다. 일자의 충만함은 뒤섞임이 아니라, 정의定義가 작동시키는 분리의 결여가 결여되는 더 완전한 규정détermination이다. 새로운 무한 관념은 바로 규정과 무한의 양립가능성을 의미한다. 이후에 카발라에서 '자신의 부정성의 심연에 파묻힌', 즉 속성들에 저항하는 무한한 신을 뜻하는 엔소프En-Sof가 세피로트sephrot라 불리는 속성들을 통해 현현하는 것처럼 말이다. 여기서 신은 이 유출을 통해 스스로를 강등시키지 않는데, 왜냐하면 이때의 경계 지음은 또한 신의 심원함 속에서의 한 사건으로 이해되기 때문이다.

데카르트와 데카르트주의자들에게서, 완성과 현실성의 관념들을 포괄하는 완전성의 관념은 무한 관념과 분리될 수 없다. "우리가 그 자체로 더할 나위 없이 완전한 존재자로 이해하는 실체, 우리가 그 속에서 어떤 결함, 즉 완전함에 대한 어떤 제한을 포함하는 것은 결코 아무것도 생각할 수 없는 실체를 신이라 부른다."

신의 완전성과 무한성을 병합하는 것이 어렵지 않을 리 없다. 오리게네스Origenes(185~254)는 '미사여구에 대한 단순한 사랑'으로 신에서의 한계들을 부정하는 사람들에게 거듭 경고한다. 인식함, 그것은 정의함이다. 무한한 신은 인식되지 않을 것이다. 신의 능력은 그의 지혜와 그의 정의正義를 통해 헤아려져야 한다. 그러나 이미 이것은, 성 아우구스티누스가 볼 때, 인간이 무한을 받아들이는 일을 금지하는 것이라기보다는 신을 인간에게 모셔오는 일이 될 것이다. 다마스쿠스의 요한(749년에 사망)에 따르면, "신적인 것은 무한하며 인간의 이해를 벗어나" 있고, "우리가 신에 대해 이해할 수 있는 유일한 것은 신의 무한성과 신의 이해 불가능성이다". 성 토마스 아퀴나스(1225~1274)에게서, 무한이 신에 부여되는 것은 물질과 잠재력이 무한의 형식을 제한하지 않는 한에서다. 무한 개념은 자신의 양적 의미작용을 잃는다. 신에서의 무한은 현실적 무한으로 사유된다. 한계들의 결여는 독립성과 주권적 의지라는 의미를 띤다. 그러나 거기에는 신 안의 무한한 존재와 피조물 안의 유한한 존재 사이의 유비만이 있을 뿐이다. 창조된 무한이란 성 토마스에겐 부조리하다. 공간적 부분이 연속된 것에 무한한 다수성은 없다. 그것의 점들은 잠재적으로en puissance만 무한하다. 아리스토텔레스에서 보듯 공간 안에서 세계는 유한하다. 플라톤의 『티마이오스』에 따르면, 시간조차 세계의 형성과 더불어 생겨나는 것으로 해석된다. 로저 베이컨(1214~1294)은 세계가 시간적으로 무한하다는 생각에 다시 이의를 제기한다. 그런 생각은 세계를 절대적인 잠재성으로, 신으로 변형시킬 것이다. 그러나 이제 유한함은 불완전함의 기호이고, 그것을 통해 사람들은 피조물과 완전하고 무한한 신 사이의 거리를 가늠한다. 그리고 존재의 일의성을 내세운 둔스 스코투스(1265~1308)는 피조물이 존재의 유비를 주장하는 철학자들이 생각하는 것 이상으로 창초주를 닮는다고 본다. 피조물은 '지성을 지휘하는' 의지에 의해 인간에게서 그런 닮음을 성취한다. "의지 외의 그 어떤 것도 의지 안에 있는 의지작용의 전적인 원인이 아니다." 그러나 플로티노스의 우주 같은 고대 천문학 체계의 유한한 세계가 무한에 열리기 위해서는 르네상스를 기다려야 했다.

피조물 가운데 무한의 속성을 최초로 받아들이는 것은 바로—성서의 전통에 따라 신의 형상image으로 마련된—인간의 영혼이다. 은총이 영혼에 스며드는 방식은 여전히, 활동적 지성이 '문을 통해' 아리스토텔레스적 영혼에 들어온다는 식으로 이해될 수 있었을 것이다. 그러나 이미 둔스 스코투스는 이 들어감을 영혼의 본성 안에 있는 무한의 능력capacité과 대응시켰다. 에크하르트 (1260~1331)에게서, 신 바깥에 있는 유한한 피조물들은 신의 실재성과 같은 의미의 참된 실재성을 타고 난다. 르네상스의 사유는 영혼 안의 무한한 욕망을 인정하게 되는데, 이런 욕망은 단순한 결여가 아니다. 데카르트에서, 신 관념은 영혼에 본유적이며 나는 나 자신보다 신을 더 확신한다. 즉, 유한은 무한의 토대 위에서 인식된다. 무한의 지적 우선성은 이제부터 무한의 존재론적 우선성에 덧붙여진다. 피조물 안에서의 무한의 의미는 마찬가지로 자신의 양적 의미작용을 잃는다. 관건은 어떤 것도—지성조차도—명령하지 못할 자유로운 의지vouloir다. 자발성으로서의, 즉 자유로서의 무한은 무한에 대한 서양의 개념화를 지배하게 된다. 라이프니츠에게서 이런 무한성—이것은 재현과 의지의 자발성이고 이때의 의지는 각각의 모나드에 특수한 기능적 법칙에 따라 신의 무한을 반영한다—은 신의 피조물 안에서 유한과 무한을 화해시킨다. 니콜라우스 쿠자누스(1401~1464)는 신의 무한과 세계의 유한 사이의 유대를 수립한다. 즉 신은 함축적으로는implicitement 하나이고 무한하며 그와 동시에 명시적으로는explicitement 다수이고 유한하다. 공간과 시간에 따른 세계는 신 안의 복합적complicite이고 현실적인 충만함의 펼쳐짐이다. 그런데 이 충만함 그 자체는 (카발라의 En-Sof처럼) 인식불가능하다. 어떤 술어든 충만함의 무한을 제한할 것이기 때문이다. 무한성은 우리에겐 신에 대한 유일한 긍정적 술어다. 그러나 피조물의 유한함과 다수성은 더함 없는 유한함일 수 없고, 완전함의 결여일 수도 없다. 이것들은 신의 무한을 전개시킨다. '신의 숭고한 형상'인 인간의 정신이 인식에 대한 자신의 무한한 열망을 통해 '창조적 존재의 생산성fécondité에 참여'한다. 뿐만 아니라, 우주 그 자체가 시간과 공간 안에서 신의 복합적 무한을 명시적으로 드러낸다. 세계는 구체적 무한이다. 비록 니콜라우스 쿠자누스는 세계를 신처럼 무한성infinitum이라고 하지 않고 무규정성 indeterminatum이라고 부르며, 영원하다고 하지 않고 무한한 지속이라고 부르지만 말이다.

무한은 존재하는 모든 것의 적합한 척도다. 그것은 잠재적 상태의 유한한 직선이며, 현실적 상태의 무한한 직선이다. 후자로서 그것은 유한한 직선에서는 가능태로만 있을 것을 현실화한다. 이제 우리는 무한에 의해 유한을 인식한다. 이런 테제는 캄파넬라Tommaso Campanella(1568~1639), 데카르트, 말브랑슈Nicolas Malebranche, 파스칼, 스피노자와 라이프니츠에게서 긍정되었다. 세계의 무규정성은 신의 절대적 무한성의 모방이다. 공간의 무제한성이라는 특성은 아리스토텔레스적 가치들의 질서에서와는 달리 완전성의 위엄을 획득한다. 엄격한 과학적 동기들 밖에서, 그러니까 다름 아닌 종교적 사유가 근대 과학의 무한주의infinitisme를 규정했던 것이다. 조르다노 브루노Giordano Bruno(1548~1600)는 베니스의 종교재판관원들에게 "나는 무한한 우주를, 신의 무한한 능력의 결과를 가르친다"고 말했다.

케플러Johannes Kepler는 중심이 없는, 그래서 질서를 배제해 버릴 무한한 세계라는 관념을 여전히 꺼려한다. 그러나 데카르트, 라이프니츠, 뉴턴과 청년 칸트는 공간적이고 시간적인 자연의 무한성을 신의 무한 및 창조의 탁월함과 관련시키면서 긍정한다. 데카르트는 신의 무한함과 공간의 무한정함을 구분한다. 신의 무한함이란 주제와 관련하여 우리는 그것이 아무런 한계도 가질 수 없음을 알고 있다. 또 우리는 공간의 무한정함에 어떤 한계가 있을 이유를 알지 못한다. 그러나 이러한 구분이 데카르트가 공간의 무한정함에서 신적 무한의 표현을 보는 것을 방해하지는 않는다. 라이프니츠에서 모나드는 인간의 영혼일 뿐 아니라, 모든 존재자의 원형archétype이기도 하다. 영혼의 무한은 이미 우주의 무한이다. 가능한 세계들 중 최고의 것은 신의 무한을 반영한다. 라이프니츠는 말한다. "나는 현실의 무한에 대해 긍정적입니다. 일반적으로 말하듯 자연이 현실의 무한을 혐오한다고 여기기는커녕, 자연이 자신의 창조자Auteur의 완전성을 더 잘 드러내기 위해 모든 곳에서 현실의 무한을 드러내고 있다고 나는 생각합니다"(푸셰Foucher에게 보낸 편지, Gerhudt VI). 무한에 대한 이런 사상은 그래서 라이프니츠에 의해 작은 것으로, 분할 가능한 것으로 확장된다. "이렇듯 나는 현실적으로 분할되지 않는 물질의 어떤 부분도 없다고 믿으며(나는 분할 가능을 말하는 게 아닙니다), 결국 가장 작은 조각은 상이한 피조물들의 무한성으로 충만한 하나의 세계로 간주되어야 한다고 생각합니다." 가장 유한한 피조물은 그 나름의 방식으로à sa manière 무한으로 충만하다. 마찬가지로, 우주가 그것의 연장延長과 분할 가능성에서 현실적으로 무한하다는 점은 '미세 지각들'의 무한한 충만함을 통해 개별particulier 존재의 현실적 무한에 반영된다. 신의 현실적 무한과 구분되는 존재의 유한함은 이런 미세 지각들이 인식이 아니라 모호함으로 남는 데서, 각각의 존재가 그 나름의 방식으로 동일한 무한을 반영하는 데서 성립한다. 신은 무한이 모나드들 속에 이렇게 무한하게 반영된 바들을 인식한다. "미래의 무한은 신적 지성에 전적으로 현전한다"고 비판철학 이전 시기의 칸트는 말했다. 그의『천체론』(1755) 2부 7장의 제목은「시간에서도 공간에서도 자신의 무한을 전적으로 확장하는 창조에 대하여」다. 시간, 그것은 '창조의 연속적인 성취'다. "시간에 요구되는 것은 무수하고 끝없는 세계들을, 공간의 모든 영역을 생동케 하기 위한 영원성일 따름이다."『순수이성비판』이후의 칸트는 이런 무한에 자유로운 또는 도덕적인 행동을 위한 의미를 부여한다. 정언명령은 주체가 자율적일 때만, 즉 강제 없이 자유로울 때만, 다시 말해 타자에 의해 제한받지 않을 때 즉 무한할 때만 유효하다. 칸트는 정언명령이 자신의 의미를 완전히 갖도록 무한정한 지속과 무한한 존재――덕과 행복의 일치를 보증하는 신――에 대한 요청을 여기에 덧붙인다. 칸트의 실천철학은 칸트 이후 관념론이 사변철학으로 나아가는 길을 연다.

전체는 무한하다

청년 스피노자에 따르면, 신적인 선은 신적인 것이 피조물로 완전히 이동함을 함축한다. 신의 무한과 세계의 무한은 스피노자주의에서 하나^{un}를 이룰 따름이어서, 능산적 자연^{natura naturans}과 소산적 자연^{natura naturata}으로 구분될 뿐이다. "나는 신을 절대적으로 무한한 존재로, 즉 그 각각의 속성이 영원하고 무한한 본질을 표현하는 속성들의 무한성으로 이루어진 실체로 이해한다." 무한하게 무한한 신──무한한 속성들의 무한함은 그 속성들이 신의 무한을 제한하지 못하게 한다. "자신의 정의定義의 힘에 의한" 또는 "존재의 무한한 향유"^{per infinitam essendi fruitionem}에 의한 현실적 무한. 그 부분들 또한 무한한 무한. 분할 가능하다고 또 '측정 가능하며 유한한 부분들로 구성된'다고 상정하는 것이 부조리한 무한. 지속의 무한과 다른 무한. 지속의 무한은 "한계를 갖지 않는데, 그것은 자신의 본질의 힘에 의해서가 아니라 자신의 원인의 힘에 의해서다". 무한한 공간성은 직접적 방식으로 신적 실체의 무한한 본질을 표현한다. 또, 무한한 시간이라는 외관^{apparence}은 신적 본질 안에서의 영원한 연속^{consécution}을 나타낸다. 양태들의 무한성은 속성들을 표현한다. 어떤 것도 신의 무한 바깥에 있지 않다. 따라서 모든 독특성^{singularité}은 변양들의 연쇄 가운데 한 요소일 뿐이며, 자의적인, 유한하고 우발적인 것으로 존재하지 않는다. 우리는 스피노자에서 양태들──유한한 것의 외관──이 절대적 무한을 절대적으로 확증하는 방식을 본다. 신은 그가 그 자신의 원인인 것과 마찬가지로 양태들의 원인이다. 결국 무한의 계시는 합리성 그 자체다. 그 자신의 원인인 무한은 그 자신에 의해 알려진다. 즉 그것은 탁월한 의미의 이해 가능성이다. 스피노자에서 무한이 왜 외관상 강등되는지는 덜 분명해 보인다. 합리적인 것과 무한한 것의 동일화를 끝까지 추적하는 야심찬 철학은 인식 가능한 것을——이것은 언제나 어떤 명목으로든 주어진 것이고 외재적인 것인데(또 여기에는 실증 과학의 불완전함이, 악무한이 여전히 참여하게 될 것인데)——점진적으로 환원하여 지양의 이 과정 자체로 만들어 버릴 것이다. 인식은 그럼으로써 단지 인식의 인식, 의식, 자기의식이 될 것이다. 사유의 사유된 사유 즉 정신이 될 것이다. 아무것도 더 이상 다른 것일 수 없을 것이다. 아무것도 사유의 사유를 제한하지 못할 것이다. 사유의 사유, 그것은 무한이다. 그러나 인식 가능한 주어진 것의 지양——헤겔은 이것을 부정성이라고 부르는데——은 규정의 과정이다. 그 결과물은 개념이다. 헤겔은 부정성이 규정이라는 점을, 또 규정이 정의된 것의 한계로, 배제로 끝맺어지지 않는다는 점을 분명히 보여 주게 될 것이다. 즉, 규정은 타자를 흡수하는 전체화라는 점을, 또는 구체적으로 규정은 역사 안에서 이뤄지는 이성의 효과적 활동이라는 점을 보여 주게 될 것이다. 의식의 독특성 그 자체는 주어진 것에 스며드는 무한의 노동일 뿐이다. 전체성은 존재자들의 축적이나 덧붙임이 아니다. 전체성은 자신을 가로막는 어떤 타자도 없이 스스로를 절대적인 자유로, 다시 말해 행위로, 사유로서 효과적인 사유로, 현실적인 무한으로 확증하는 절대적인 사유로 여겨질 수 있을 뿐이다. 지적인 형식들의 규정——유한함——으로서의 앎이라는 고대의 이념과 지양의 합리성은 이렇게 다시 만난다. 고대의 개념화와는 반대로, 헤겔의 『논리학』에서 유한은 자기 자신 안에서가 아니라 오직 자신이 타자로 이행하는 가운데 규정될 수 있다. "유한, 그것은 자신의 내재적 경계와 더불어 그 자신과의 모순으로 정립되는 어떤 것이다. 이 모순을 통해 유한은 그 자신의 바깥을 지시하고 그것으로 떠밀린다." 유한은 무한이 자신을 계시하는 양태 자체다. 그러나 자기를 계시한다는 사태, 곧 인식이야말로 절대자의 사건 자체다.

무한 없는 유한

칸트의 비판철학은 한편으로는 직관——시간은 이 직관의 형식이며, 자연은 이 직관에 주어진다——과, 다른 한편으로는 이성——이성은 무한 관념을 소유하지만 그 존재를 보증할 수 없다—— 사이를 엄격하게 구분하면서, 유한과 무한을 새로운 방식으로 수립한다. 데카르트주의의 전통과는 반대로, 칸트에게서 유한은 더 이상 무한의 빛 안에서 이해되지 않는다. 경험주의의 가르침을 통합하면서 칸트는 자연의 현상을 유한한 존재의 조건인 인간의 감성과 관련짓는다. 이 감성이 실재와 관계할 수 있는 것은 촉발되고 자극되는 수용적인 방식에 따라서다. 현상하는 자연은 이렇게 주체의 유한함의 흔적을 지니고 있다. 이 흔적은 감각의 주관적 특성——영혼의 상태인 동시에 대상의 성질——에 존립할 뿐 아니라, 더 심오하게는, 실재를 파악하고 이해하는 과학이 작동시키는 역진적 종합의 엄격하게 계기적인 특성에 존립한다. 계기적인 것은 주체에 의한 흔적을 갖는다. 왜냐하면 주어진 것을 그것의 조건들로 환원시키는 역진적인 과학적 종합은 자신의 미완성을 초월할 수 없기 때문이다. 주체가 뒤이어 추론을 하는 것으로는 충분하지 않다. "조건 지어진 것이 주어진다면, 무조건적 조건 또는 조건들의 전체성도 주어진다." 왜냐하면 정확히 말해 여기서 내세워지는 전체성이란 단지 시간적인 계기일 뿐 논리적 연속의 영원성이 아니기 때문이다. 이때의 시간은 시간이지 현실적 무한이 아닌 것이다. 실재를 파악하는 유한한──시간적인──방식은 이렇게 하여 객관성 또는 실재의 실재성에 속한다. 규제적 이념인 무한은 주어진 것을 구성하지 않는다. 이념의 무한은 초월론적 가상이라 불리는 환상을 대가로 해서만 현실화된다. 여기서 이성은 시간 너머로 불법적으로 뛰어오른다. 이성을 무한으로 인도하는 동기들은 지성의 기능──이것이 시간의 도식에 따라 감각적인 것의 통일과 주어진 것의 포착에 필요한 종합을 확보해 주는데──에 의존하지 않는다. 칸트에서 지성의 원리들이 이성의 원리처럼 형식 논리에서 비롯한다고 해도 그것이 뭐가 중요한가! 시간적 계열의 무한정indéfini은 애매한 것도 모호한 것도 아니다. 그것의 관념이 가지는 무한이 있다면 그것은 명석한 것이고 판명한 것일 게다. 유한은 무한을 따르지 않는다. 칸트의 초월론적 변증법은 자연을 구성하는 개념들의 도식론 위에 자리 잡은 칸트의 학설을 공고하게 해준다. 이제 시작되는 헤겔 시대와 반대로, 주어진 것 그 자체──유한한 것──가 체계화와 전체화 및 변증법적 지양의 운동으로 환원할 수 없음을 진술하면서 말이다. 특기할 것은 이런 입장들과 과학에서 무한이 가지는 의미가 합치한다는 점이다. 여기서 과학은 무한한 우주에 대해 열려 있으며, 동시에 지혜라기보다는 신중함으로서 자신의 본질적인 미완성을 의식한다. 후설 현상학에서 우리는 무한과 독립적으로 유한을 기술하는 칸트적인 방식을 발견하며, 파악의 유한한 양태들이 객관성의 각 형식——이것은 대상들의 객관성 자체를 나타낸다——에 속한다는 테제를 발견한다. 그 용어의 칸트적 의미에서의 이념, 즉 존재 안에서 실현될 수 없는 규제적 이념으로서의 칸트의 무한——비현실적 무한——은, 현상학에서——무엇보다 관념론적인 이런 현상학에서——대상이 유한한 주어진 것으로부터 구성되도록 이끈다. 그 이념은 대상이 출현하는 무한한 지평을, 지평들의 무한한 지평을 비춘다. 마침내, 하이데거에서는 존재의 유한함이 무한의 부정과 같은 것이 아니게 된다. 오히려 유한함이 기술되는 것은 실존의 실정적 구조들인 세계-내-존재, 염려, 죽음을-향한-존재 등에서부터다. 하이데거는 유한한 시간성에서 출발하여, 또 이러한 유한한 시간성의 탈수평화dénivellement와 일반화banalisation를 거쳐 무한한 시간을 도출해 내는 것이다. 그런가 하면, 『칸트와 형이상학의 문제』의 말미에서 하이데거는 "아무것도 무한한 존재의 관념만큼 존재론과 근본적으로 대립되는 것은 없다"고 설파한다. 그는 유한함이 어떤 무한함을 '전제'하는 것은 아닌가 하는 문제를 열어 놓는다. 하이데거는 이런 '전제'가 우리를 순수하고 단순하게 데카르트의 입장과 테마로 이끈다고 생각하지는 않는데, 그렇게 볼 수 있는 이유는 그가 '전제'라는 단어를 늘 따옴표 속에 적으면서 이 '전제'가 어떤 본성에서 비롯하는지를 묻기 때문이다. 이렇게 설정된 무한함은 무엇을 의미하는가? 베르그손은 하이데거처럼 그리고 하이데거에 앞서서, 지성에 의해 영원성으로 취급되는 순간들의 무한한 계열로 환원될 수 없는 어떤 시간을 내세운다. 동질적인 순간들로 구성된 시간, 피상적이고 강등된 시간은 지속을 환기하는데, 지속의 순간들은 어떤 방식에서는 그것들 자신을 넘어선다. 자신들의 온갖 과거로 무거워지고 미래로 이미 비대해진 순간들 자신을 말이다. 이 시간은 과거의 한계 자체 안에서 새로움들을 분출하며, 존재의 늙음으로 늙고, 또 창조의 첫날에서처럼 한계들로부터 자유로워지는 무한한 피조물들이 된다. 무한의 참된 차원은 지속인 내면성일 것이다. 가능적인 것의 무한은 현실적 무한보다 더 소중하다. 그러나 승리하는 모든 무한의 바탕에 악한 무한이 있지 않은가? 이것이 아마 모리스 블랑쇼의 사상일 것이다. 그는 존재의 심연에서 끊임없고 의미를 잃은 비처럼 단조로운 찰랑거림을 듣는다. 결국 주목해야 할 것은 하이데거가 유한과 무한에 부여했던 새로운 의미다. 유한과 무한은 이제 서양의 형이상학에서 다루어지는 존재자들의 속성이 더 이상 아니다. 하이데거가 볼 때 서양 형이상학은 존재를 존재가 현현시키는 존재자들로부터 이해하는 데서 성립한다. 유한 또는 무한이라는 용어가 진술하는 것은, 그럼으로써 존재론적 문제에, 존재 이해에 응답하는 것은, 존재자들의 존재다. 하이데거에 따르면, 이 존재 이해가 철학의 역사를 규정하며, 또 역사를 단적으로 규정한다. 많은 무한에 대한 위대한 텍스트들과 말함의 특정 방식들조차 이제 새로운 빛으로 밝혀진다. 이를테면, 스피노자의 존재의 무한한 향유infinita essendi fruitio와 같은 표현법에서처럼 말이다.

III. 무한과 윤리

무한이 서양의 사유에 나타났던 인식의 맥락에서, 무한은 유한을 흡수하고, 타자를 극복하는 동일자로서 생산된다. 실재의 전체omnitudo realitatis를 이루는 사유의 사유가 되는 것이다. 그러나 무한의 이런 신격화 속에서 우리는 무한 관념에게 서양의 합리주의를 지배토록 허락한 신의 특별히 종교적인 신성神性을 상실하지 않았는가? 자신의 영적 인식으로 이런 영적 인식의 대상 자체를 만들었던 신학에게는 무한과 맺는 앎이 아닌 모든 관계가 개념 없는 재현으로, 절대적 사유의 유년기로 간주될 것이다. 그렇지만 우리는 다른 길이 가능하지 않은지 자문해 볼 수 있다. 데카르트는 무한 관념이 그것을 포함하기에는 너무 작게 창조된 영혼 안에 현존한다는 사실을 가르쳐 주었다. 이러한 현존은 그것의 타자성이 영혼을 제한하지도 흡수하지도 않는다는 점을, 오히려 영혼을 고양시킨다는 점을 알려 준다. 형식 논리로 보면, 그러한 타자성은 영혼을 침해해야 마땅할 텐데 말이다. 무한 관념의 현존은 무한의 타자성이 환원되는 데서가 아니라 근접성과 책임을 행하는 데서 성립할 수 있다는 점을, 근접성은 실패하는 일치가 아니라 끊임없음——무한──이고, 감당할수록 역설적이게도 증가하는 책임에 대한 근접성의 요구 속에서의 타자성의 영광스러운 증가라는 점을 알려 준다. 또 유한이 이렇게 하여 무한의 가장 위대한 영광을 위해 존재한다는 점을 알려 준다. 자, 이것이 무한 개념의 형식적인 테두리다. 이런 무한 개념은 순수한 앎의 견지에서는 탈수평화된다. "나는 무한에 복종하기 위해서가 아니면 무한에 대해 결코 논의하지 않았다." 데카르트는 1964년 1월 28일 메르센Mersenne에게 쓴 편지에서 이렇게 말했다. 무한에 대한 인식 자체 속에서 이미 그 인식 너머를 지시하면서 말이다. 타인은 나와 함께하는 사회에서 자신의 얼굴을 내게 드러낸다. 이런 타인의 근접성은, 그리고 이런 만남이 함축하는 바들은 동일자와 타자의 논리적이고 존재론적인 유희를 윤리로 뒤바꾼다. 인간 상호간의 관계를 대상화, 주제화 및 인식으로 환원하는 것이 불가능하다는 사실에서 출발하는 현대 철학의 한 흐름 전체는 무한 관념의 종교적 전통 안에 자리한다. 우리는 그런 철학이 의식적으로 또 종교적으로 무신론을 표방할 때조차 그것이 무한 관념의 종교적 전통과 가까운 것은 아닌지 자문해 볼 수 있다.

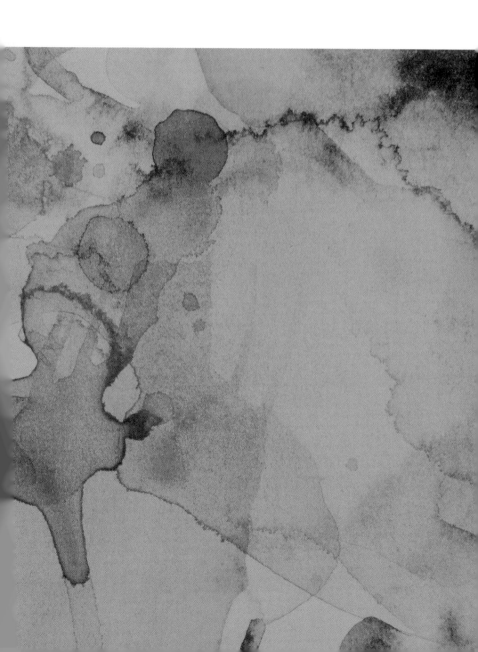

대화 저편[1]

반유대주의에 대항해 국제회의가 1947년 7월에 승인했고 우리가
오늘 그 20주년을 기념하는 실리스베르크Seelisberg의 10조항은 기
독교인들에게 관련되는 문서. 이 조항들은 그 이후로 기독교인
들이 유대인들에 대해 말하고 유대주의에 대해 가르치는 데 적합
하다고 여기는 방식에 대한 서약들을 정식화하고 있다. 이 텍스트
는 유대인들이 기독교도들에 대해 생각해야 할 바를 유대인들에
게 말하지 않는다. 물론, 이 점과 관련해서는 유럽에서 우리가 오
랫동안 함께 살았다는 사실이 과소평가될 수도, 무시될 수도 없을
것이다. 우리는 근대 민족국가에서 함께 시민으로 살았고, 보쉬에
Jacques-Bénigne Bossuet, 라신Jean Baptiste Racine, 파스칼을 공부하며 종

---

1) 이번 장은 1967년 4월에 간행된, 프랑스 유대-기독교 협회(AJCF) 창립 20주년 기념호에
실린 글이다. 『유대-기독교 우정』(Amité judéo-chrétienne), 제2호, 1967년 4월, 12쪽. 원
제는 "Par-delà le dialogue"로, 여기서의 대화(dialogue)는 레비나스가 타자와의 관계
로서 제시하는 대화(discours)와 구별할 필요가 있다.—옮긴이

교와 무관한 학교의 벤치에서 친교를 나누었다. 또한, 15세기 이후 기독교화한 유럽에서 히틀러주의가 가능했다는 사실이, 갈색 셔츠[나치 당원] 사이에서 검은 신부복이 지지와 위로를, 적어도 이해를 약속했던 시기에 기독교인들이 보여 주었던 자비와 헌신에 유대인들이 눈감을 수 없게 한다는 점도 분명하다.

실리스베르크 문서는 대부분 [유대주의라는] 신조를 다루면서 그 신조를 대하는 관점을 개선하고자 한다. 유대주의는, 스스로를 부인하지 않는 한, 자신이 신학적인 용어로 비난받을 때도, 신학적인 용어로 복권될 때도, 스스로를 인정할 줄 모를 것이라는 점은 명백하다. 그러나 실리스베르크의 10조항——이 새로운 10계명——은 기독교인들에게 구약 성서의 영속성과 보편성을 상기시키려는 관심을 입증해 준다. 또, 탈무드의 교훈적인 우화에 따르자면, 자신들이 의존하는 교리를 듣기에 앞서 명령을 수행함에 자신을 맡겨 버림으로써 천사들에게서 그들의 비밀을 빼앗는 자들의 위엄을 상기시키려는 관심을 입증해 준다. 하나의 윤리를 고수하되 그 교의적 전제들에 마음을 쓰지 않는 것, 정언 명령에 따라 그것의 형이상학을 고정하는 것, 이것은 확실히 성서의 정신에 가장 부합하는 방식에서 비롯하는 것이다.

실리스베르크의 원리들은 또한 이런 천사 같은 '전도'轉倒——윤리가 교의에 선행하며 또 그것이 때로 공표하는 교의적 전복들에는 마음을 쓰지 않는 그런 전도——를 행할 수 있는 정수精髓를 찾아냈다. 20세기에 일어났던 악습과 오류들이 20년 동안에 회복되지는 않는다. 그러나 유대-기독교 친선협회Amitiés judéochrétiennes라 불리는 모임들이 도처에서 일어났다. 프랑스 유대-기독교 친선협회 또한 20주년을 맞아 기리고 있다. 이런 일은 실리스베르크의 원리와 사람들 덕택에 생겨난 경의hommage와 연결되어야 한다. 실제로 실리스베르크 회의는 이미 여러 나라의 유대-기독교 연합들Associations judéo-chrétiennes이 일궈 낸 성과였고, 이렇듯 그 회의는 이 10조항을 기다리지 않고도 우리의 친구가 되었던 기독교인들의 선의를 표현해 주었다. 그러므로 우리가 오늘 저녁에 기념하는 것은, 행동하고 솔선수범하여 가르치기에 애타는 무조건적인 우정이다.

반유대주의에 맞선 투쟁——실리스베르크에서의, 유대-기독교 친선협회에서의——은 우선 비-유대인 의식을 주시한다. 그러나 우리는 우리 동시대인들의 정신적 삶에 매우 밀접히 연결되어 있어서 그들의 의식 상태에 참여할 수밖에 없다. 게다가 인간관계들에서의 데탕트가 입증되거나 예상될 때, 어떻게 무관심한 채로 있을 수 있는가? 어떻게 신뢰와 솔직함 그리고 온정을 가지고 뻗은 손을 잡지 않을 수 있는가? 이것이 전쟁 이후 단순히 유대애호주의judéophilie가 아니라 유대-기독교의 우정이 있었던 이유이다. 이것이 실리스베르크에 유대인들이 있었던 이유다. 그들의 자리는 아마 늘 편치는 않았을 것이다. 형이상학적 드라마에서 당신에게 유리한 역할을 배당하는 변명, 찬양, 선언들을 받아들이는 것이 항상 유쾌한 일은 아니라는 것——혹은 유일하게 유쾌한 일은 아니라는 것——을 믿어 주길 바란다. 유대-기독교 친선협회에서조차 이런 유리한 위치를 갖는다는 것이 언제나 편안하지는 않다. 밖에서 보면, 그런 위치는 애매함의 혐의를 받을 만하다. 어떤 이들이 보기에, 유대인들은 더 잘 고발하고 더 많이 요구하기 위해 끊임없이 자못 심각해 한다. 다른 이들이 보기에, 유대인들은 동정의 대상이 되는 데 힘입어 온갖 배교에 몸을 맡기는 것 같다. 점진적으로 망각되어 온 이 모든 세월에도 불구하고, 우리들 중 누구도 그토록 깊이 각인된 상처를 치료할 수 없으며, 죽은 자들을 대신해서 용서하거나 죄를 사할 수 없다는 점은 분명하다. 그러나 유대-기독교인들 사이의 우정을 실천하는 일은 이런 희생자의 역할 속에서 만족해하거나 연민으로 빠져드는 데 있지 않다.

이제 선의로 행한 이 새로운 운동의 유대인 발안자들인 에드몽 플레그Edmond Fleg와 쥘 이삭Jules Isaac을 비롯하여 고인이 된 위대한 스승들을(여기에 또한 그 이름을 추가해야 할 위대한 군인 모리스 바니코프Maurice Vanikoff를) 생각하면서, 나는 유대-기독교인들 사이의 우정이 우리에게 줄 수 있는 다른 의미들을, 그리고 결론적으로 말해, 그렇게나 많은 것들이 어쨌든 변화한 20년 후인 여기에 있는 이들에게 그 우정이 갖는 의미를 끌어내고 싶다. 알다시피, 유대인의 教導權Magistére이란 존재하지 않는다. 이스라엘은 같은 책들을 연구하는 사람들의 공동체다. 거기서 각자는 자기를 위해 말한다. 그러나 그들 각자는 자신의 성실성 속에서 진리의 한 측면을 입증하는데, 이런 몇몇 측면들을 나는 간단히 언급하고자 한다. 서양에 동화된 유대인인 에드몽 플레그와 쥘 이삭은 유럽 유대주의를 관통했던 드레퓌스 사건과 히틀러주의라는 두 위기 이후에 이스라엘 공동체와 다시 만났다. 에드몽 플레그는 드레퓌스 사건에 큰 충격을 받았다. 진리의 승리는 그것으로 인도했던 싸움의 격렬함을 잊게 하지 않았다. 그는 드레퓌스의 복권이 우리 사회의 최종 모순을 극복했다고 믿지 않았다. 하지만 에드몽 플레그의 고통스러운 삶은 거의 마르지 않는 희망의 힘을 드러냈다. 그에게 유대인-기독교인 사이의 우정은 그가 저작을 통해 그치지 않고 찬양하는 공동의 가치에 대한 애정을 나타내는 확실한 징표였다. 노선이 분리되는 계기는 『방랑하는 유대인이 이야기하는 예수』*Jésus raconté par le Juif errant*가 정확하게 보여 준다. 그 계기는 물론 분기점이 일상적으로 나타나는 지점보다는 멀리 있다. 그러나 분리 이후에도 플레그에게 유대인의 영혼은 형제애적인 것으로 남을 만큼 충분한 사랑을 보존하고 있다. 플레그의 태도는 기독교와 근친적 관계를 경험해 왔음을 드러낸다. 출애굽 당시 '요셉을 알지 못했던 새로운 주권자' 파라오처럼, 성경에 무지한 혹은 무지하고자 하는 세계와 마주해 있을 때마다, 우리는 이런 근친성을 알아차린다. 우리 문턱에 있는 이런 세계의 현존이 우리가 진입하는 시대의 특징이 아니라고 누가 부정할 것인가? 나는 나치즘과 마주한 우리의 근친성만을 생각하지 않는다. 지금 수많은 아시아인들이 세계의 무대로 몰려드는 것을 보라. 이제 성스러운 역사와 관계하지 않는 이 군중들의 눈에는, 서로 다르다는 우리 유대인과 기독교인들은 애매한 몇몇 텍스트의 의미를 두고 다투는 종파들과 과연 다른 것일까? 우리를 바라보는 20억 개의 눈을 통해, 역사 그 자체는 우리를 응시한다. 우리의 주관적 확실성을 찢어 버리고 우리를 공동의 운명에 결속시키면서, 이러한 새로운 인간적 물결의 상승과 같은 높이에 서 보도록, 차별이나 배척과는 다른 것을 역사에 가져오도록 우리를 초대하면서 말이다.

쥘 이삭은 유대-기독교인의 우정을 위해서pour 또 그 우정 안에서dans 싸웠다. 진리 앞에서 어떤 타협도 하지 않는 완고함으로, 그리고 경멸의 가르침──그는 이 점과 관련하여 기독교의 역사를 가차 없이 비난했다──에 저항하여 싸웠다. 그러나 진리 앞에서 어떤 타협도 하지 않는 완고함으로 싸울 때에도 그는 이 진리에 대해 휴머니스트로서, 학자로서 화해의 미덕들을 내세웠다. 쥘 이삭의 정신은 이런 우정을 가장 단단히 봉인하는 요소다. 이런 요소가 없었다면, 유대인들은 우정을 연민이나 용서로밖에 받아들일 수 없었을 것이다. 많은 잘못을 범했지만 또한 많은 고통을 당한 살아남은 자에게, 오랜 다툼 이후에 부여되는 그런 연민과 용서로 말이다. 유대주의가 인간성의 나머지 것들보다 더 무고하다고 주장하는 것은 물론 아니다. 유대주의가 스스로 느끼는──게다가 경솔하게 선택이라고 부르는──부가적 의무들 때문에, 유대주의는 다른 불행한 의식보다 더 불행한 의식이다. 그러나 쥘 이삭은 본질적 거부를 표명할 수 있게 했다. 그는 유대인들이 오로지 특정한 신학 때문에 갇히게 되는 죄의식을 밀쳐냈다. 그들을 모든 인간적 따뜻함으로부터 떼어 냈던 죄의식을 말이다. 우리들 중 많은 이들은 신학의 상당 부분을 다시 역사로 융해시키는 쥘 이삭의 언어를 용인조차 못한다. 그러나 메피스토펠레스적 죄의식의 거부라는 그의 테제의 본질적인 면은 우리 모두에게 살아남아 있다. 메피스토펠레스적 죄의식이란, 악을 바라면서 선을 행하는 자 또는 모든 인류

가운데 자기만이 사형집행인의 영혼을 가질 것이기에 세계의 구원을 단언하게 될 자가 갖는 죄의식이다.

그러나 [제2차 세계대전 중 독일점령으로부터의 프랑스의] 해방 Libération 이후 플레그와 쥘 이삭에게 가능한 것으로 보였던 모든 것이 지나간 세월 동안 실현되진 못했을 것이다. 1933년에서 1945년 사이에 겪은 묵시록적 경험의 첨예함은 기억들 속에서 무뎌진다. 비상한 것은 다시 질서로 편입된다. 많은 소설들이, 종이로 변형된 많은 고통들이, 많은 사회학적 설명들이, 많은 새로운 염려들이 있었다. 이제 나는 새로운 상황에도 불구하고 나의 관점에서 파리의 유대-기독교 친선협회를 통해——자크 마돌Jacques Madaule의 주재하에 이따금 열리던 작은 모임에서——독특하게 발견한 점을 말하고 싶다. 나는 이 서클에 뒤늦게 참여했고, 그래서 어느 정도는 주저스러웠다. 종교적 이유 때문은 아니었다. 나는 유대인과 기독교인을 가까이하게 할 목적으로 만든 연합에 가입하는 것이 비종교적 정신에 대한 배신이 아닐까 두려웠다. 비종교적 정신은 다양한 믿음과 철학들에 의해 분리된 그렇게나 많은 인간 그룹들을 다른 수단들에 의해 하나의 공화국으로 용해해 버렸으니 말이다.

내가 거기서 발견했던 정신은 동등하고 동질적인 사회의 구성에 앞선 구시대적 형식으로의 회귀로가 아니라, 그러한 동질성을 전제하는 것으로 보였다. 이것은 모두가 동질적으로 되었을 때 환원 불가능하게 남는 것을 에워싸려 했고 그리하여 동등성과 박애의 정신으로 더욱 멀리, 더욱 깊이 나아갔다.

우리는 역사를, 모든 문제들이 해소되고 모든 갈등이 완화되며 보편적인 면에서 모든 모순이 화해되는 조화로운 과정으로 생각하는 데 익숙하다. 우리는 이미 이뤄진 역사에 접근한다. 내 학생 중 하나가 이 문맥에서 환기해 주었던 것처럼, 생텍쥐페리의 보아 뱀은 이미 코끼리를 씹지 않고 삼켰다. 그리고 보아 뱀은 코끼리를 이미 소화하고 있다.

만들어지는 와중에 있는 역사에 기울이는 세심한 주의가 드러내는 것, 그것은 이성, 기술, 대화로부터 그 응답을 기대하는 여러 문제들 바깥에 있는, 해결 불가능한, 그 자체로 해결 불가능한, 그리고 폭력에 내맡겨진 문제들의 실존이다. 이것은 우리의 정념, 우리의 성급함, 우리의 게으름 때문만이 아니라, 그 문제들 안에 잠들어 있는 이율배반 탓이다. 그러나 폭력 그 자체는 그것들을 해결하지 못하며, 그것들을 숨긴다. 폭력에 질식당한 채, 그 문제들은 피와 눈물을 겪고 나서, 해결 불가능한 다른 문제들의 형태로 되돌아온다.

아마 유대인-기독교인 문제는, 끝까지 사유될 땐, 이런 해결 불가능한 문제들에 속할 것이다. 왜냐하면 유대교와 기독교는 동일한 드라마의 부분이며, 서로가 서로에게 이의를 제기하지 않을 만큼 충분히 무관심하지 않기 때문이다. 확실히 유대인-기독교인 문제가 해결 불가능한 유일한 문제는 아니다. 그리고 아마 유대인의 실존은 해결 불가능한 많은 문제들에 사로잡혀 있을 것이다. 그리고 아마 오늘 저녁 이것에 대해 말하면서 나는 내가 마땅히 전달해야 할 유대인의 증언을 형이상학으로 전환시키지 않는다──사람들은 그렇게 생각할지도 모르겠지만. 아마 나는 특별히 직접적이고 고통스러운 방식으로 증언하고 있는 중일 것이다. 인간들 사이에는 대립이 존재한다. 이 대립들은 우선, 다른 것들처럼 단순히 반성과 토론을 요구하는 것처럼 보이고, 폭력을 해소하기 위해 위원회, 회의, 제도 등을 요청하는 듯이 보인다. 우리는 그러한 대립들이 포함하는 모든 어려움들이 실제로 극복될 수 있음을 금방 알아차린다. 단 하나를 제외하고. 그리고 이 궁극적 어려움은 해결 불가능하고 성가신 것으로 남는다는 것을 알게 된다. 또 이것을 알아차리지 못한 채 인내의 끝에서 이 어려움을 다루는, 그러면서 폭력과 계략의 힘을 빌리게 된 정신은, 개종과 추방에 대해 말하게 된다는 것을 알게 된다. 강제함에 대해 또는 바다에 던져 버림에 대해, 여기에도 나쁘고 저기에도 나쁜 일들에 대해 말하게 된다는 것을 알게 된다. 합리적 사유가 낳은 폭력적 사유 이후에, 더 이상 연민은 존재하지 않는다.

유대-기독교 친선협회, 그 활동을 내 눈으로 본 집단(이것이 내가 아는 유일한 것인데)인 파리의 유대-기독교 친선협회와 그 협회의 의장은, 그 협회를 이끄는 특수한 목적성에서부터 새로운 태도를 드러내 보여 주었다. 내가 보기에, 그 태도의 패러다임은 진보로부터 교조적 숭고함을 완벽하게 이끌어 내려 하지 않는다. 그것은 사람들이 교환하는 생각들 저편의 근접성을, 대화가 불가능해질 때조차 지속되는 근접성을 추구한다. 대화 저편에, 원숙함이, 새로운 진지함이, 새로운 진중함이, 새로운 인내가, 그리고 이렇게 말해도 좋다면, 해결 불가능한 문제들에 대한 원숙함과 진지함이 있다.

마돌의 주재하에 파리에서 유대-기독교 친선협회 활동을 하고 있는 사람들은 열성적 권유와 선전을 포기했다. 그것은 최소한의 공통 강령을 발견하기 위해서가 아니라, 어떤 갈등에선 설득 그 자체가 폭력과 억압이라는 점을 이해했기 때문이다.

폭력도, 계략도, 단순한 외교적 수완도, 단순한 재간도, 순수한 관용도, 심지어 단순한 공감이나 단순한 우정도 아닌, 해결 불가능한 문제 앞에서의 이 태도는 그렇다면 무엇일 수 있고 무엇에 공헌할 수 있는가?

그것은 무엇일 수 있는가? 문제 앞에서의 인격들의 현존. 주의와 경계. 아마도 시간의 종말에 이르기까지 잠들지 않는 것. 이번만은 말로 사라져 버리지 않으며 기술로 인해 길을 잃지 않고 제도나 구조들로 굳어지지 않는 인간들의 현존. 그들의 대체 불가능한 정체성의 전적인 힘 안에서의, 그들의 피할 수 없는 책임의 힘 안에서의 인격들의 현존. 이 해결 불가능한 실체들을 인식하고 명명하는 것, 그리고 그것들이 폭력, 계략, 정치적인 것으로 터져 버리는 것을 막는 것, 갈등의 진원지 앞에서 보초 서기, 새로운 종교성과 새로운 연대, 이웃에 대한 사랑, 또 다른 것이 있을까? 자발적이고 쉬운 약동이 아니라 자기에 대한 힘든 노동. 그것은 타자로 나아가는 것, 그가 진실로 다른/타자인 그곳으로 가는 것이다. 그의 타자성의 근본적 모순 속으로 나아가는 것이다. 불충분하게 성숙한 영혼에게는 이 모순으로부터 증오가 자연스럽게 흘러나오거나 무오류의 논리에 의해 연역된다. '역사적 권리들'의 용이성, '정착의 권리들', '이론의 여지가 없는 원리들', '양도 불가능한 인간의 조건' 따위를 단호하게 거부할 필요가 있다. 추상들의 얽힘——실제로 그것의 원리들이 때로 분명하지만 그것의 변증법이 (비록 엄격하다 해도) 살의를 지니며 죄악을 범하는 그런 추상들의 얽힘——에 사로잡히는 일도 거부해야 한다. 인격들의 현존, 인격들 사이의 근접성——이 새로운 정신성으로부터, 정의된 계획 없는 이 근접성으로부터, 모든 정의定義와 모든 사유를 비워 내어 잠과 닮았다고 말할 수 있는 대화 없는 이 경계警戒로부터 무엇이 솟아나올까? 사실, 나는 알지 못한다. 하지만 해결 불가능한 문제들에 대한 원숙함을 진리에 대한 가소로운 정식이라고 비웃기 전에, 나의 한 젊은 학생처럼 생텍쥐페리의 어린 왕자를 생각해 보자. 사막에서 오도 가도 못하게 된 조종사에게, 코끼리를 집어삼킨 보아 뱀밖에 그릴 줄 모르는 조종사에게 양을 그려 달라고 하는 어린 왕자를 말이다. 나는 어린 왕자에게 중요한 것은 이 유명한 양——양처럼 순한 양——이라고 생각한다. 그렇지만 어떤 일도 이것보다 더 어렵지 않을 것이다. 어떤 양의 그림도 어린 왕자를 기쁘게 하지 못한다. 그려진 양들은 난폭하고 뿔이 난 숫양이거나, 매우 늙은 양들이다. 어린 왕자는 늙음의 과잉에서 비롯할 따름인 평온함을 탐탁해 하지 않는다. 그래서 조종사는 직육면체를 하나 그려 주고 양이 그 상자 안에서 잠자고 있다고 말하는데, 이것이 어린 왕자에게 큰 만족을 준다.

나는 해결 불가능한 문제들의 해결책을 그리는 방법을 알지 못한다. 그것은 서로 가까이 있는 인격들이 돌보고 있는 상자의 밑바닥에서 여전히 잠자고 있다. 나는 어떤 생각을 가지고 있는 것이 아니라, 우리가 가져야 할 생각에 대한 생각을 가지고 있다. 우리의 희망들의 요람인 직육면체의 추상적 그림을 말이다. 나는 불가능한 것이 아마 잠자고 있을 가능한 것에 대한 생각을 가지고 있다.

나라는 말, 너라는 말, 신이라는 말

과학에 반해 말해질 수 있는 모든 것이 다음과 같은 점을 망각하게 할 수는 없다. 그렇게나 많은 인간 질서들의 퇴락 속에서도, 과학적 탐구가 인간들이 서로를 통제하고 합리적인 것을 존중하며 경박하지 않고 폭력적이지 않으며 순수한, 드문 영역들 중 하나로 남아 있다는 사실 말이다. 일상적인 것의 평범성에 의해 끊임없이 중단되지만, 고유한 지속 속에서 다시 연결되는 탐구의 계기들. 도덕과 상승의 장소는 이제부턴 실험실에 있지 않을까? 거기서 영혼은 사막의 어떤 은둔처도 필적할 수 없을 내밀함으로 존재에 틀어박히지 않는가? 과학적 물음의 대상은 불성실을 조금도 견디지 못하고 용서를 알지 못한다.

그렇지만, 지난 세기 동안 있어 왔던 실체 개념에 대한 관념론적 비판, 소외와 사물화에 대한 공포, 우리와 더 가깝게는, 베르그손주의, 현상학, 실존 철학, 이런 것들이, 대상을 실재의 모델로, 대상성을 존재하는 것의 존재로, 과학을 세계와의 참된 접촉으로 간주하려는 유사 자연적 경향을 의심하게 했다.

그 이후로 실재의 다른 모델들 가운데 다음과 같은 것들이 상찬되고 상론된다. 관계, 지속, 역사, 인격, 생산 도구들과 사물들의 도구성, 인간의 '유한함'. 사람들은 구체적 삶에 생기를 불어넣는 의미에 가치를 둔다. 이를테면, 경제적 행동, 창조적 직관, 시, 정보 기술savoir-faire, 감정, 직접적인 감각 지각 따위. 또한, 사유자들 사이의 모순 그리고 인간들 사이의 투쟁——이 모순과 투쟁은 변증법과 그것이 내포하는 화해를 공표한다——도 그렇다. 모든 의미작용의 탄생에 함께할 존재하다 동사의 의미에 대한 접근도 마찬가지다. 양상이라는 용어는 이제 형식 논리의 가능적인 것, 실재적인 것, 필연적인 것만이 아니라 존재론적 구조의 다양성을 가리킨다.

새로운 반성이 열망하는 지혜 및 그것이 표현하는 삶은 그렇지만 우주를 포괄하는 데서 성립한다. 실험실의 지성주의적 금욕주의를 고발하는 가운데, 사람들은 의미작용들의 의미화 또는 합리성이 지식으로서 다시 구축될 수 있다고 확신했다. 외재성을 포괄하는——포함하는——겨눔으로서 말이다.

가장 자발적인 체험된 것은 그 자신과 결합됨으로써 내밀한 것이 되기 위해 그 자신과 분열한다. 그것은 이미, 소박한 자발성 속에서 자신을 반성한다. 사람들은 자신이 경험하는 것의 이미지에 연결되어 기억을 마련한다. 향유함이나 고통당함은 경험이다. 의미 있게 산다는 것, 그것은 살아가면서 삶을 인식하는 것이다. 구체적인 것의 이 철학은 모두 어떤 점에서 고대 전통의 연장이다. 거기서 지성은 세계와의 관계에 불과했다. '그저 있음'의 중립성에서 맺어지는 존재와의 관계에 불과했다. 그것은 주어진 것을 남김 없이 전체성——주권적으로 나je라고 말할 가능성으로까지 밀고 나가진——으로 조목조목 통합하는 것일 따름이었다.

정확히 백 년 전에 태어난 마르틴 부버가, 그것ça의 대상성과 비교해 너tu라는 말에서 끌어낸 관계——이것이 '대화의 철학'으로 펼쳐졌다——는, 무엇보다 '구체적인 것으로'Vers le concret라는 이 운동을 공고히 해주는 것처럼 보인다. 이 표현은 1932년에 장 발이 동일한 제목의 책에서 처음 사용했다. 그는 이 책에서 특히 가브리엘 마르셀에 대해 말한다. 가브리엘 마르셀은 1927년에 출간된 『형이상학적 일기』Journal métaphysique에서 부버를 알지도 못한 채 나와 너 사이의 관계의 독창성과 중요성을 수립했다.

'너'라고 말함, 그것이 말함의 최초 사태이다. 모든 말함은 실제로 직접적 대화이거나 직접적 대화의 일부다. 말함은 너를 향한 나의 이 직선성, 대면의 이 올곧음, 만남의 진정한 의미의 올곧음 droiture이다. 기하학의 직선ligne droite은 아마 이것의 시각적 은유에 지나지 않을 것이다. 대면의 올곧음, '우리-사이', 이미 대-담entre-tien이고, 이미 대-화dia-logue이며, 그래서 거리이고, 합치와 동일화가 생산되는 접촉의 대립물인 것. 그러나 그것은 바로 근접성의 거리, 사회적 관계의 경이로움이다.

이런 관계 속에 나와 타인 사이의 차이가 머문다. 그러나 이 차이는, 또한 거리인 근접성 속에서 자신의 고유한 부정을 부정하는 것으로, 타자를 위한 일자의 비-무-차별non-in-différence로 유지된다. 가까운 자들 사이의 무관심하지-않음non-indifférence으로. 타인의 타자성과 관련됨, 우애. 근거 없는 증오의 원천이자 이해관계를 벗어난 헌신의 원천이지만 굶주림처럼 만족될 수 있는 것과 결부된 그런 사랑과 구별되는 정감성. 영혼의 정념에, 만족되거나 좌절된 욕구들에, 그리하여 신경질적인 결말과 내장의 손상에 관련되는 정감성과 혼동되어서는 안 될 정감성.

비-상한 관계. 부버와 마르셀이 처음 그렇게 서술한 이래, 신이라는 단어는 마치 그것이 대화의 직선성이 묘사될 수 있는 공간을 밝히는 것인 양 말해졌다. 진정한 의미의 너^{Toi}. '영원한' 너^{Toi}, 검증이나 경험이 아니라 기도에 맡겨지는, 보이지 않는 신. 대명사 너^{tu}는 한 실체를 가리키기 위한 어떤 이름을 대신하지 않는다. 그런 역할로는 이것^{ceci}이나 저것^{cela}이 너로서 더 적합할 것이다. 명사의 주격은 여기서 호격에 의해 앞지름을 당하는데, 호격은 존재들의 명명이 아니다. 부버의 나와 너가 전개하는 테제는 나-너$^{Je-Tu}$ 관계가 나-그것$^{Je-Ça}$ 관계로 환원되지 않는다는 점을 확실히 보여준다. 너는 그것을 전제하지 않는다. 논리적 역설, 자연에-반하는 형태, 너가 '그저 있음'의 중립성 속의 그것에 기반하지 않는 이런 방식은, 의미함$^{le\ signifier}$이 존재에 따르지 않는 차원의 열림이다. 신은 세계의 바깥에서 또는 존재 너머에서, 있음-사이를-벗어남$^{dés-inter-essement}$에서 사유된다.

그러나 이러한 지형학——가브리엘 마르셀에게서보다 부버에게서 좀 더 분명한——은 너에서 접근된 다른 인간과 마주해서만 그려진다. 여기서 너머의 여정이 시작한다. 인간의 얼굴 앞에서 초월의 과도한 용어를 규정하기 위해 이 대명사 이외의 다른 단어는 필요 없을 것이다. 또 얼굴 앞에서는, 자신의 기원이 될 환영幻影을 흡수할 수 있는 어떤 언어도 발견할 수 없을 것이다. 왜냐하면 이런 환영은 자신이 초월 그 자체의 과장hyperbole이 아니고서야만, 그 자신이 과도할 수 있을 것이기 때문이다.

우리의 정신적 유산에서 이웃에 대한 사랑은 물론 종교적 삶을 동반한다. 그러나 그것은 기껏해야 신에 대한 사랑 이후에 나오는 두번째 계명에 불과할 것이다. 그리고 신학자들에 따르면 이런 윤리는 언제나 존재로 이해되는 신과 맺는 관계의 참된 본질과 결코 같지 않을 것이다. 종교적 수준에서 도덕은 지양된 것임이 드러날 것이다. 다른 인간과의 만남은 우회나 이탈 위에, 초월이 정착하는 어떤 길 위에 자리 잡지 않는다는 것, 타인의 얼굴은 가장 곧고 가장 짧으며 가장 긴급한 그의 운동 흔적을 지니고 있다는 것, '대화의 철학'은 이런 것을 우리에게 제안하는 것 같다.

파스칼은 "만약 신이 있다면, 덧없는 피조물이 아니라 그만을 사랑해야 한다"고 말했다. 따라서 사랑을 가늠하는 것은 존재──영구적이냐 일시적이냐 하는 존재의 특성──일 것이다. 박애는 애착의 이 존재론적 중요성의 무효화──또는 쇠퇴──를 의미한다는 것, 다른 중요성이, 다른 '무엇보다도'가, 다른 절대자가 감정을 불러일으킬 수 있다는 것, 존재나 무에서의 이웃의 무게 너머에서 존재론 없이 박애가 과도하게 중요성을 띨 수 있다는 것, "나의 입술을 여는"(「시편」51편 17절)[1] 신이 즉시 의미를 갖는 것은

---

1) 이 표현은 17절이 아니라 15절에 나온다.─옮긴이

바로 이러한 중요성에 의해서라는 것, 여기에 한 사유 방식의 위대한 새로움이 있다. 이 새로움 속에서 신이라는 말은 세계와 우주론의 무조건적 근거를 설파하면서 삶을 방향 짓는 것을 멈추고 다른 인간의 얼굴 속에서 그의 의미론적 비밀을 드러내게 된다.

타자의 근접성[1]

벤셀라 선생님은 『전체성과 무한』에서 "제일 철학은 윤리학이다"
라고 말하셨습니다. 선생님이 의미하고자 한 것은, 철학은 우리에
게 인간적으로 가장 긴급한 것에 말을 건넨다는 것입니까?

레비나스 제일 철학에 대해서 말할 때, 나는 윤리학이 아닐 수 없는
대화의 철학에 대해 언급하고 있는 것입니다. 존재의 의미를 질문
하는 철학이라 해도 그런 질문을 던지는 것은 타인과 만나면서부
터입니다.

　이것은 인식을, 대상화를 모든 언어에 전제된 타인과의 만남
에 종속시키는 방식일 거예요.

　누군가에게 말을 건넨다는 것은——나의 존재에 대한 집착

---

1) 이번 절은 여행가이자 작가인 안 카트린 벤셀라(Anne-Catherine Benchelah)와 나눈 대
담으로, 『지하』(*Phréatique*, 1986)에 수록되어 있기도 하다.—옮긴이

의 평온함, 필연적인 단계로서의 나의 에고이즘의 평온함 속에서 — '자기 보존 경향'conatus essendi(스피노자에게서 존재의 본질을 나타내는 공식)의 중단이 내 안에서 일으키는 윤리적 교란을 나타내지요.

타자에게, 낯선 자에게 호소하는 자기의 외출. 만남, 이것이 일어나는 곳은 낯선 자들 사이에서입니다. 이런 만남이 없다면 그건 친족관계의 소관일 거예요. 모든 사유는 윤리적 관계에, 타인 안의 무한히 다른 것에, 내가 그리워하는 무한히 다른 것에 종속됩니다. 타인을 사유하는 일은 타자에 대한 환원 불가능한 불안정에서 생겨나지요. 사랑은 의식이 아닙니다. 코기토가 가능한 것은 각성éveil 이전에 주의vigilance가 있기 때문이에요. 따라서 윤리는 존재론에 앞섭니다. 인간적인 것의 도래 배후에, 이미 타자에 대한 주의가 있습니다. 초월론적 자아는 그의 벌거벗음 속에서 타인에 의한 그리고 타인을 위한 깨어남réveil으로부터 출현합니다.

모든 만남은 '안녕하세요'bonjour라는 말 속에 담긴 축복에서 시작하지요. 모든 코기토가, 자기에 대한 모든 반성이 이미 전제하는 이 '안녕하세요'가 제일의 초월일 거예요. 다른 인간에게 전해진 이 인사는 일종의 기도invocation입니다. 그래서 나는 타인에 대한 호의적 관계의 우선성을 강조하지요. 비록 타자의 편에서 악의가 있을 수 있는 경우라 해도, 관심, 타자를 맞아들임은, 그의 감사가 그렇듯, 선이 악에 대해 앞서 있음을 나타냅니다.

벤셀라 선생님의 사유는 선생님이 형태 없음informe, '그저 있음'il y a,

관대함 없는 비인격적 존재의 현상이라고 부른 것으로부터 탈출하려는 시도일 것 같습니다. 존재는 어떻게 무-의미에서 '존재하는 어떤 것'으로 이행하는 걸까요?

레비나스 '그저 있음'이란 개념은 절대적으로 비인격적인 존재의 현상을 나타내지요. '그저 있음'은 대상이 있지 않은 존재의 단순한 사태를 제시합니다. 그것은 전적인 침묵 속의, 전적인 비-사유 속의, 실존으로부터 물러나는 전적인 방식 속의 존재입니다.

　'비가 온다'il' pleut, '날씨가 좋다'il' fait beau에서와 같은 '그저 있음'. 이 비인칭 대명사 'il'은 비인격적 의식이 대상이 없고 실체가 없이 어떤 것이 있음을 체험하는 단계의 비인격적 특성을 가리킵니다. 그것은 아무것도 아닌 것이 아닌 아무것도 아닌 것이에요. 왜냐하면 이 아무것도 아닌 것은 웅얼거림으로, 그러나 명명되지 않은 웅얼거림으로 가득 차 있기 때문이지요. 무화의 이런 섬뜩한 경험 속에서, '그저 있음'이란 주제는 중립적인 것으로부터 자신을 긍정하고 자신을 정립하려는 주체의 구성을 뿌리내리게 합니다. 인간 존재를 짓누르는, 익명성을 에워싸는 현존인 '그저 있음'으로부터, 주체성은 그 주체성을 무효화하는 것에도 불구하고 출현하지요. 자기의 이 최초의 외출, 존재의 분출은 사물들의 인식에 의해 시작됩니다. 그러나 또한 삶을 향유하는 단계에 의해, 자기 자신에 만족하는 단계에 의해 시작되지요. 자기에 대한 이 사랑은 존재를 정초하며 최초의 존재론적 경험을 이루는 에고이즘입니다. 이런 경험은 열림에, 또 자기의 진정한 외출에 호소합니다. 인간적인 것은 다른 결정적 단계를 경유하게 될 것인데, 거기서 주체는 자신의 만족에도 불구하고 충분함에 이르는 데는 실패할 거예요. 자기의 모든 외출은 동일차 안에서 타자를 향해 수립되는 균열을 나타내지요. 그것은 외재성을 향한 열림의 태도로 변형된 욕망입니다. 부름이자 타인에 대한 응답인 열림이지요. 타자의 근접성이고, 자기를 전적으로 문제 삼음의 기원입니다.

벤셀라 마르틴 부버가 나와 너의 관계를 전적인 상호성으로 여겼다면, 선생님은 이 만남이 타인과 맺는 주체의 관계 속에서 극복되기를 바라는 것처럼 보입니다. 이 타인은 물론 너 이상일 것입니다. 그렇지 않은가요?

   타인은 타자성 자체이고 도달 불가능한 타자성일 것 같습니다.

레비나스 사실 마르틴 부버는 존재하는 사물과 나에게 '그것'으로 존재하는 사물, 내가 인식할 수 있는 대상을 구분해서 생각한 최초의 사람입니다. 그래서 그는 '그것'과 타인과의 관계를 대립시켰지요. 타인은 대상도 아니고 사물도 아닙니다. 타인은 내가 너라고 말하는 자입니다. 부버는 결국 나-너 관계를 나-그것 관계에 대립시켰지요. 그는 나-너 관계가 나-그것 관계로 환원될 수 없다고 생각했어요. 그리고 타인과 맺는 사회적 관계는 사물들의 확인이나 지식에 대해 전적인 자율성을 보인다고 생각했지요. 사회적 관계는 지식일 수 없을 겁니다. 왜냐하면 이 사회적 관계의 상관물은 내가

'너'라고 말하는 인간 존재이기 때문입니다.

그래서 나는 타인과 맺는 참된 관계가 부버가 나-너 관계 속에서 발견한 이런 상호성에 의존하는지 자문해 보았지요. 부버는 내가 너라고 말할 때 나는 그 너라는 자가 또 하나의 나임을 알며, 또 그 자 자신이 나에게 너라고 말한다는 점을 안다고 말합니다. 결국 나-너의 이 관계에서 우리는 곧장 하나의 사회 속에 있게 되지요. 그러나 이런 사회 속에서 우리는 서로가 서로에게 동등합니다. 타자에 대한 나의 관계는 나에 대한 타자의 관계와 같아지지요.

나의 질문은 이 처음의 상호성을 문제 삼는 데서 성립합니다. 내가 말을 건네는 타인은 무엇보다 우리가 가장 약한 자와 맺는 관계 속에서 내가 마주하는 자가 아닐까요? 예를 들어 봅시다. 나는 타인에게 관대하지만, 이 관대함이 즉시 상호적인 것이 되어야 하는 것은 아닙니다. 부버가 나-그것 관계와 관련해 나-너의 관계를 강조한 최초의 사상가들 중의 한 명이긴 해도, 이 상호성 개념은 나를 혼란스럽게 합니다. 왜냐하면, 사람들이 상호성을 기대하면서 관대하게 행동하자마자, 이 관계는 더 이상 관대함이 아니라 상업적 관계인 좋은 방도의 교환에 속하게 될 것이기 때문이지요. 타인과 맺는 관계에서, 타자는 내가 어떤 것을 해야 하는 자로, 내가 그와 관련하여 어떤 책임을 갖고 있는 자로 내게 나타납니다. 이로부터, 나-너 관계의 비대칭성이, 나와 너 사이의 근본적 비동등성이 나타나게 돼요. 왜냐하면 타인과 맺는 모든 관계는 내가 의무를 지닌 존재와 맺는 관계이기 때문입니다. 그래서 나는 '타자를 위함'——이것은 이미 잠들어 있는 책임에 기초하는데——의 이러한 대가 없음이 의미를 가진다고 주장합니다. '타인을 위함'은 타인으로부터 들리는 명령처럼, 마치 복종이 그 지시에 귀 기울임인 것처럼, 내 안에서 깨어나지요. 타자성의 얽힘intrigue은 앎 이전에 탄생합니다. 그러나 나와 너 관계의 이 외관상의 단순성은 그것의 비대칭성 자체 속에서, 제삼의 인물이 출현함으로써 혼란을 겪습니다. 이 인물은 타자인 너 옆에 자리 잡지요. 제삼자는 타자에게 또한 이웃이고 얼굴이며 도달 불가능한 타자성이에요.

여기 제삼자로부터 인간의 복수성pluralité이 지닌 근접성이 나옵니다. 두번째 사람과 세번째 사람 사이에는 한 사람이 다른 사람에게 죄를 짓는 그런 관계가 있을 수 있어요. 이제 나는 타자에 대해 내가 의무를 지고 책임을 지는 관계로부터, 누가 첫째인가를 물어보게 되는 관계로 이행합니다. 나는 정의의 문제를 제기합니다. 이 복수성 안에서 진정한 의미의 타자는 누구일까요? 어떻게 판단해야 합니까? 유일하고 비교 불가능한 타자들 사이를 어떻게 비교해야 할까요? 우리가 책임을 지는 그 자는 유일한 자며, 책임을 지는 자는 자신의 책임을 양도할 수 없습니다. 이런 의미에서, 책임을 지는 자 또한 유일합니다. 앎과 대상성의 시간에서, 얼굴의 벌거벗음 저편par delà과 이편en deçà에서 그리스적인 지혜가 시작되는 것이죠.

나는 상호성 없는 관계로부터 사회의 구성원들 사이에 상호성과 동등성이 있는 관계로 나아갑니다. 정의에 대한 나의 탐구는 바로 이 새로운 관계를 전제하는데, 이 관계 속에서는 내가 타인에 대해 가져야 하는 관대함의 전적인 초과가 정의의 문제에 복종하게 되지요. 정의에는 비교가 있고, 거기서 타자는 나와 관련된 어떤 특권도 갖지 않습니다. 이런 관계들로 들어온 인간들 사이에, 그들 사이의 비교를 전제하는 관계, 즉 정의와 시민성을 전제하는 관계가 수립됩니다. 최초의 책임에 대한 제한인 정의는 그럼에도 불구하고 타자에 대한 나의 복종을 나타내지요. 제삼자로부터, 근본적 정의의 문제가, 애초부터 언제나 타자의 문제인 권리의 문제가 시작됩니다. 장켈레비치Vladimir Jankelevitch는 이렇게 말했어요. "우리는 어떤 권리도 갖고 있지 않다. 권리를 갖는 것은 언제나 타자다." $n°2$는 $n°3$와 관련해 있으며, $n°3$는 $n°2$와 관련해 있음을 아는 것이 필수적입니다. 누가 앞서는 걸까요?

이것이 가장 주요한 발상이죠. 책임의 질서로부터, 자비로부터, 나는 정의로 나아갑니다. 책임의 질서에서는 나를 바라보지 않는 자조차 나를 바라봅니다. 반면에 정의는 우리가 출발하는 타인의 이 최초의 현전을 제한하지요.

벤셀라 타자와 맺는 관계에 대한 제 질문을 다시 반복하자면, "타자성과 맺는 관계들은 동일자가 타자를 지배하거나 흡수하거나 포괄하는 관계들과 구분된다"고 선생님은 말하셨어요. 실제적으로 타자성이란 무엇인가요?

레비나스 타자와 맺는 관계에는 어떤 융합도 없습니다. 타자와 맺는 관계는 타자성으로 고려되지요. 타자는 타자성입니다. 부버의 사유는 내가 사회성의 현상학에 관여하도록 부추겼는데, 사회성은 그저 인간적인 것 이상이에요. 내게 사회성은 인간적인 것 중 최상의 것입니다. 그것은 선이지, 불가능한 융합을 위한 부득이한 수단이 아니죠. 얼굴의 타자성 속에서, 타자를 위함은 나에게 명령합니다. 결국 관건은 얼굴을 가리는 정의를, 얼굴과 관련한 의무를 바탕으로, 얼굴의 비상한 외재성을 바탕으로 정초하는 것입니다.

사회성은 얼굴의, 타자를-위함의 이 타자성입니다. 그것은 나를 부르지요. 그것은 모든 언어적 표현에 앞서서, 나의 필멸성 속에서, 나의 약함의 밑바닥에서부터 나에게서 솟아나는 목소리입니다. 이 목소리는 명령이에요. 나는 다른 사람의 삶에 응답하라는 명령을 받습니다. 나는 그를 그의 죽음에 홀로 남겨 둘 권리를 갖지 못합니다.

벤셀라 얼굴에의 접근은 윤리적 양태로 체험됩니다. 얼굴은 그 자신에 있어 의미인 것이죠. 얼굴은 나의 시선에 무엇을 제공하나요? 얼굴은 무엇을 말하나요?

레비나스 얼굴은 지배권seigneurie이고 무-방비 자체입니다. 내가 얼굴에 다가갈 때, 얼굴은 무엇을 말하는가요? 나의 시선에 노출된 이 얼굴은 무장 해제됩니다. 얼굴의 용모가 어떠하건, 이 얼굴이 중요하고 특별한 인물에 속하건, 아주 단순한 모습의 인물에 속하건 말이죠. 이 얼굴은 그것의 벌거벗음에서 노출된, 마찬가지의 것입니다. 얼굴이 주는 용모 아래 그의 모든 약함이 터져 나오고, 동시에 그의 필멸성이 솟아오릅니다. 내가 그를 완전히 없애 버리려 할 수 있을 정도까지, 왜 안 그렇겠습니까? 그럼에도 불구하고 여기에 얼굴의 모든 애매성이, 타자와 맺는 관계의 애매성이 있습니다. 아무런 의지처도 방비도 없이, 자신의 약함과 필멸성 속에서 노출된 타자의 이 얼굴은 또한 나에게 '죽이지 말라'고 명령하는 얼굴입니다. 얼굴 속에, 명령하는 최상의 권위가 있지요. 내가 늘 말하듯, 그것은 신의 말입니다. 얼굴은 신의 말의 장소예요. 타인 속에 신의 말이, 주제화되지 않은 말이 있습니다.

얼굴은 살해의 이 가능성이며 존재의 이 무능력이고, '죽이지 말라'고 나에게 명령하는 이 권위입니다.

그러므로 자신의 지위 안에서의 얼굴을 알려진 모든 대상으로부터 구분하는 것은 얼굴의 모순적 특성과 관련되어 있지요. 얼굴은 전적인 약함이고 전적인 권위입니다.

얼굴이 타자에게서 드러내는 이 명령은 또한 내 편에서의 책임의 요구에 속합니다. 이 무한은 내게 제시되는 한 의미에서, 타자에 대한 관계 속에서의 나에게는 무관심하지-않음non-indifférence을 나타내지요. 이 관계에서 나는 결코 타자와 끝내지avoir fini 못합니다. "나는 나의 의무를 다했어"라고 말할 때 나는 거짓말하는 거예요. 왜냐하면 나는 타자에 대해 결코 면제되어 있지 않기 때문이죠. 그리고 이 결코 면제되지 않음 속에, 무한의 '미장센'이, 고갈되지 않는 구체적인 책임이 있습니다. '아니요'라고 말하는 것의 불가능성이 있는 것이죠.

그러나 다름 아닌 이 아나키가 "내가 여기 있나이다"라거나 타인에게 "나를 보내소서"라고 말하게 합니다. 결코 면해지지 않는, 언제나 다시 미래의 것인 책임은 올 것^{à venir}이 아니라 일어나는^{advenir} 것이에요. 숙고에 앞선 책임에 나는 노출되었고, 나 자신에 바쳐지기 이전에 이 책임에 바쳐진 셈이지요.

벤셸라 선생님은 "내가 책임을 지는 한에서만 나는 대자적이다"라고 하십니다. 그러나 선생님은 더 멀리 나아가는데, 왜냐하면 이 나를 과부의, 가난한 자의, 고아의 볼모라고 표현하기 때문이죠. 호명당한 이 나는 무엇보다 이 나에게 제시되는 순전한 얼굴의 볼모가 아닌가요?

레비나스 타인을 위해 존재하는, 즉 타자를 책임지는 이 방식은 무시무시한 어떤 것이에요. 이것이 의미하는 바는, 타자가 어떤 것을 행한다면 책임을 지는 자는 나라는 것이기 때문이죠. 볼모는 자신이 행하지 않은 것에 책임을 진다고 여겨지는 자입니다. 타인의 잘못에 책임을 지는 자죠. 나는 원칙적으로 책임을 지며, 더욱이 분배하는 정의에 앞서, 정의의 척도들에 앞서 책임을 집니다. 이것이 구체적이라는 걸 당신은 압니다! 이것은 꾸며 낸 것이 아니에요! 당신이 한 인간 존재를 만났을 때, 당신은 그를 내버려 둘 수 없어요. 그렇지만 거의 언제나, 사람들은 내버려 둡니다. 사람들은 말하지요. 나는 다했어! 그렇지만 우리는 아무것도 하지 않았어요. 우리는 아무것도 하지 않았다는 이 감정, 이 의식이야말로 우리에게 볼

모의 지위를 줍니다. 죄를 짓지 않은 자의, 무고한 자의 책임과 함께 말이죠. 무고한 자, 얼마나 역설적입니까! 그는 해치지 않는 자입니다. 그는 타자를 위해서 대가를 치르는 자예요.

타인은 당신이 죄지음 없이 의무를 지지만 당신의 의무가 적지 않은 그런 상황으로 우리가 끼어들게 합니다. 이것은 동시에 부담이죠. 이것은 무거운데, 이렇게 표현해도 괜찮다면, 착함bonté이란 바로 이런 것입니다.

무한의 흔적은 타인에 대한 나의 의무 속에, 부름에 상응하는 이 계기 속에 기입됩니다.

벤셀라 선생님은 착함bonté을 거론했습니다. 그것이 철학적 언어가 아닌데도 말이죠! 저는 선생님이 바실리 그로스만Vassili Grossman의 책 『삶과 운명』*Vie et destin*에 나오는 그의 증언에 큰 충격을 받았음을 알고 있습니다. 이 점에 대해 말해 주실 수 있을까요?

레비나스 그 책은 스탈린과 히틀러 시대 유럽의 상황을 그리고 있어요. 바실리 그로스만은 이 사회를 완전히 탈인간화된 사회로 묘사합니다. 물론 집단 수용소의 삶이 있지요. 이것은 히틀러 아래서나 스탈린 아래서 동일합니다. 삶은 인간 개인에 대한, 인간 존중에 대한 철저한 경시 속에서 진행되는 것처럼 보입니다. 그런데 스탈린과 관련해서 보자면, 이런 사회는 해방된 인간성을 추구한 결과이죠. 마르크스주의가 스탈린주의로 변했다는 사실, 그것은 인간적인 것의 원인에 대한 엄청난 공격입니다. 왜냐하면 마르크스주의는 인간성의 희망을 담고 있었기 때문이에요. 그리고 그것은 20세기 유럽인들에게 엄청난 심적 충격 중 하나였습니다. 이 800페이지는 유린과 탈인간화의 완벽한 광경을 드러냅니다. 이 책은 몹시 절망적이어서, 내 눈엔 인류를 위한 어떤 지평도, 어떤 구원도 보이지 않습니다.

그러나 인간적 관계들의 이 쇠퇴 속에서, 이 사회적 비참함 속에서 선함은 지속되지요. 한 인간과 다른 인간과의 관계 속에서 선함은 가능합니다. 긴 독백 속에서 작가의 생각을 표현한 인물, 이코니코프Ikonnikov는 모든 사회적 예측을 의심하죠. 다시 말해 이데올로기와 계획으로 만들어진 모든 합리적 조직을 의심해요. 선함은 체제로서, 조직 체계로서, 사회 제도로서는 불가능합니다. 인간적인 것을 조직하려는 모든 시도는 실패해요. 생명력을 지닐 수 있는 유일한 것, 그것은 일상적 삶에서의 착함/선함이지요. 이코니코프는 이것을 일컬어 작은 선함이라 합니다.

벤셀라 사실, 이 대목은 매우 중요합니다. 선생님이 허락한다면, 저는 이 부분을 인용하고 싶군요. 모스토프스코이Mostovskoi[2]는 감옥에서 이코니코프의 글을 읽기 시작해요. 거기에는 이런 말이 있습니다. "지구상에 사는 존재들 다수는 선을 정의하는 것을 목적으로 삼지 않는다." 선은 무엇으로 성립하나요? … 선은 자연 속에 있지

---

2) 원서에서는 Mostovkoi로 표기되어 있는데, 이는 Mostovskoi를 잘못 표기한 것으로 보인다.—옮긴이

않습니다. 선은 예언자의 설교에도, 위대한 사회 이론에도, 철학자들의 윤리에도 있지 않아요. … 그러나 서민들은 그들의 마음속에, 살아 있는 모든 것에 대한 사랑을 품고 있습니다. 그들은 자연적으로 삶을 사랑하고, 삶을 보호합니다. 좀 더 뒤에서, 그는 덧붙이죠. "이렇듯 그토록 가혹한 이 위대한 선 옆에 매일의 삶 속에서의 인간적 선함이 있다. 그것은 길모퉁이에서 지나가는 죄수에게 빵 한 조각을 주는 한 노파의 선함이고, 부상당한 적군에게 자신의 수통을 건네는 한 병사의 선함이며, 늙은이를 불쌍히 여기는 젊은이의 선함이고, 자신의 곳간에 늙은 유대인을 숨겨 주는 한 농부의 선함이다."

레비나스 이 책은 공포스럽습니다. 이 부분이 책 전체에서 유일하게 긍정적인 것이에요. 그는 타자를 위한 일자의 이 작은 선함이 증인 없는 선함이라고 명시합니다. 이 선함은 모든 이데올로기를 피해 가죠. 그의 말에 따르면, "사람들은 이 선함을 사유 없는 선함이라고 특징지을 수 있을 것이다". 왜 '사유 없는'일까요? 그 선함은 모든 체계, 모든 종교, 모든 사회 조직의 외부에 있기 때문입니다. 대가 없음, 그곳의-선함bonté-là은 영원하지요.

선함을 지키는 것은, 또 선함을 실행하여 선함이 한 존재에서 다른 존재로 영원토록 전해지게 하는 것은 다름 아닌 약한 정신들입니다. 선함은 악의 힘 앞에서 부서지기 쉬워요. 그로스만은 이것은 마치 이 모든 서민적 정신들이 관장용 기기poire à lavement로 세계적 규모의 화재를 끄고자 하는 것과 같다고 적고 있지요.

이 책은 우리를 곤란에 처하게 내버려 둡니다. 인간이 만들어 낸 모든 공포에도 불구하고, 이 초라한 선함은 머리를 들기 때문이죠. 그 선함은 '미친folle 선함'이고, 인간에게서 가장 인간적인 것이 존재하는 사태입니다. 이 선함은 그 무력함에도 불구하고 인간을 규정하지요. 이코니코프는 이 선함을 특징짓기 위해서 매우 멋진 이미지를 다시 만들어 냅니다. "선함은 아름답고 무력하다. 장미가 그런 것처럼." 이런 절망 속에서 이 얼마나 신선한 생각입니까!

그러나 이런 선함이 조직되자마자 사라진다는 것도 참입니다. 타락에도 불구하고, 선의 이름으로 행해진 악의 풍요로움에도 불구하고, 인간적인 것은 타자와 나의 관계 속에서 타자를 위한 일자의 이 형태로 유지되지요. 얼굴로서의, 나의 자유에 대한 비상한 증언으로서의 타자는 내게 무한에서의 타자성을 명령하며 그에게 봉사하도록 나를 선출합니다. 또 타자는 존재의 윤리적 동요를 나타내며 이 동요를 윤리적 탈이해관심désintéressement의 길로 이끕니다. 인간적인 것의 윤리로의 도래는 질서 잡힌 세계에서조차 이 윤리적 고통을, 모든 얼굴이 가져오는 동요를 거치지요.

인간적인 것의 이 성스러움은 어떤 범주로부터 출발해서 말해질 수 있는 것이 아닙니다. 우리는 선이 어떤 약속도 없이 사랑받아야 하는 역사의 순간으로 진입하고 있을까요? 그것은 아마 모든 포교prédication의 종말일 겁니다. 우리는 신앙의 새로운 형태, 즉 승리 없는 신앙을 눈앞에 두고 있지 않습니까? 이것은 마치, 보상의 유일한 권리가 그것을 기다리지 않을 권리일 때, 이론의 여지없는 유일한 가치는 성스러움이 되는 것 같은 사태예요.

신의 최초의 그리고 최후의 현현은 약속 없는 존재함일 것입니다.

유토피아와 사회주의

스탈린주의가 자신이 만든 사회 자체에 의해 처벌받았다는 것, 이 것은 의식들 속에 수립되었던 이론의 무오류성이라는 특정한 관념의 종말을 나타내 주었다. 최근까지 직접적인 것으로, 교조적인 것으로 남아 있었던 사회주의적 확실성——자신의 팽창력을 통해 그 적들에게까지 깊은 인상을 남겼던——은 이제 도처에서 더 위태 롭고 더 난처한 것으로 드러난다. 개념을 운동으로 바꿀 줄 알았던 마르크스주의——우리는 이 점을 잊을 수 없다——에 대한 충실함 속에서, 새로운 종합의 추구가 빛을 본다. 깊은 연구는 도서관의 그 늘에서만 이뤄지지 않는다. 지난 10여 년 전부터 선진국에서 다양 한 소요가 일어났다. 조직되고 노련한 거대 혁명 정당만큼이나 박 식하다고 하는 집단과 파벌이 출현하고, 이들이 새로운 지혜 또는 갱신된 지혜라는 명목으로 후속 없는 혁명처럼 폭력을 전파하면 서 행위할 권리를 내세우는 사태——여기에 사회적 투쟁의 새로운 광경이 있다. 이따금 슬픔이 숨겨지는 듯하다. 그 슬픔은 전통 교리들——이 교리들은 겉보기로는 아무런 뉘우침 없이 사유를 검증하는 직선적 역사를 통해 긍정되기까지 했는데——의 안정성을 상실한 세계에 드리워진다. 혼란, 그러나 또한 희망! 생시몽Claude Henri de Rouvroy Saint-Simon, 푸리에François Marie Charles Fourier, 프루동Pierre Joseph Proudhon, 그 중에서도 아마 푸리에 같은, 유토피아적이라는 별명이 붙은 사회주의의 대가들의 가르침, 또는 적어도 그들이 제기한 문제들이 다시 관심을 끄는 것은 바로 여기에서다.

유토피아적 사회주의. 그것은 푸리에가 말했던 것 같은 '문명의 전환'이 그 연원을 알지 못한 채 우리에게 도래한 관념들로는 이루어질 수 없다는 점을 아직 몰랐다. 또 실질적이고 현실적인 사회 질서에 묻혀 있는 구조들 속에서 미래의 이미 그려진 의도들을 읽을 줄 아는 과학 없이는 그러한 전환이 일어날 수 없다는 점을 유토피아적 사회주의는 몰랐다. 그러나 사회주의 사상은 그것의 유토피아주의 자체로 인해 '정의로움의 향수' 속에서 희망의 몇몇 대담한 시도들을 가능케 하며, 또 현실주의자의 행위에 비판에 필요한 규범들을 보존해 준다.

유토피아적 사회주의에 헌정된 마르틴 부버의 책(폴 코르세Paul Corset와 프랑수아 지라르François Girard가 이제 막 번역한 이 책은 1945년에 탈고되었고, 1946년에 히브리어로, 1950년에 독일어로 출판되었다.)은 탈스탈린화에 앞선 저작이다. 그렇지만 이 책이 오늘날의 독자와 무관할 수 없다. 부버는 유토피아적 사회주의에 대한 그의 묘사를 통해, 마르크스주의와 레닌주의 그 자체——책의 4분의 1 이상이 여기에 할애되는데——에서 어떤 점에선 이 유토피아주의의 무의지적이거나 무의식적인 부분을 추출하고자 한다. 사회주의 사상은 이 유토피아주의를 지니고 태어난다. 사회주의는 윤리적인 질서, 곧 예언적이고 메시아적 질서에 불가피하게 속하기 때문이다. 유토피아주의는, 최소한 부버에 따르면, 계몽주의와 프랑스 혁명의 세기 이래 종말론의 의미가 소멸된 세계에서, '완전히 다른' 사회적인 것을 희망하는 유일한 방식이다. 에른스트 블로흐Ernst Bloch가 마르크스주의의 토대 자체로부터 이해하거나 요청하는 바를 유토피아에 대한 이와 같은 의존과 연결시켜 보는 것은 아마 정당한 일일 것이다. 그는 인간을 재생하려는 모든 시도를 근본적인 갱신과, 아직 전혀 존재하지 않는 것과 연관 짓는다. 현재의 사실들 속에서 윤곽을 드러내는 사회적 미래보다 더 비실재적인 비실재성과, '희망의 원리'와 연관 짓는다. 블로흐의 생각에 따르면, 이 '희망의 원리'는 예언자, 철학자, 예술가를 거쳐 주어지는 문명 자체다.

부버의 저서를 사상사의 한 에세이로 간주한다면, 생시몽에서 크로포트킨Pyotr Kropotkin과 란다우어Gustav Landauer에 이르는 유토피아적 사회주의에 대한 그의 해석은 아마, 체험되고 실행된 영향력들에 관한, 체계들 자체의 분절들의 통합에 관한 보충물들을 요구할 것이다. 그러나 부버는 서문에서부터 자신이 그런 전개를 제쳐 둔다고 알려 준다. 그는 하나의 사상을 추적한다. 그가 연구한 이론들을 가져다 놓는 곳은 정치적인 것과 사회적인 것의 대립 가운데이다. 마치 관건은 시민 사회를 국가에 종속시키는 것을 문제 삼는 것이라고 여기는 것 같다. 헤겔에서는 인간성이 사유와 의지의 보편성에, 즉 자유에 도달하는 것이 국가에서였다. 부버가 인간들 사이의 정치적 관계를 사유하는 것은 지배와 강제——또는 오늘날 흔히 말하듯 억압——관념으로부터다. 반면에, 사회적인 것은 '인간들의 공동체적 삶', 그들의 더불어 살아감, 인간을 위한 인간의 현전, 인간의 근접성을 의미한다. 사회주의는 이런 점에서 정치에 의해 변형된 사회 조직의 '세포들'을 재생하는 데서 성립한다. 이로부터, 노동, 생산, 교환 속에서 이뤄지는 이 공존재와 협력의 다양한 형태 및 양상들이 중요하게 대두된다. 이로부터, 인격들에 대한 인격들의 현존이 '실질적 현존'일 수 있도록 다수의 사회적 중심이 추구된다. 이로부터, 집합의 탈중심화가 생겨난다. 조직화와 관리행정이 추상적 규칙들로 또 익명적 능력들이라는 명목으로 인간들의 이 집합적–존재être-ensemble를 '국가화'하는 것을 피하기 위해 말이다. 명령을 기술적으로 필요한 것에만 제한하는 관리행정의 이념은, 인간에 대한 인간의 권력이 이 필요성을 넘어서는, 인간이 인간을 지배하는, 그래서 결국 집단의 공동체적 목적성이 망각되는 그런 정부의 이념과는 구분된다.

　　마르크스주의와 레닌주의는 국가에 대한 이런 불신을 아주 잘 증언하지 않는가? 사회가 계급으로 분열되고 하나의 계급이 다른 계급을 지배하는 것——이에 대항해 프롤레타리아트가 연대하는데——이 국가의 궁극적 이유 또는 비밀이다. 계급 없는 사회는 국가 권력을 종식시키고 관리행정으로 정부를 대체하며 사회를 완성한다. 직업적인 협동과 공동생활의 장에서 생겨난 위원회인 소비에트들은 레닌에겐 바로 이런 이유로 본성상 국가를 대체하는 것으로 보이지 않았는가? 그럼에도 불구하고 혁명에 도입되었던 정치적 구조들은 새로운 사회가 완전히 도래할 때까지 허용되는 임시적인 것으로서만 받아들여졌다. 부버는 소비에트 러시아에서 사회주의 사회의 실현이 어떻게 초기에서부터 그리고 끊임없이 이 정치적 구조들——불쑥 생겨나 소비에트적 탈중심화를 파괴하는——에 포획되었는지를 보여 준다.

그 실현 면에서 실패하지 않게 될 것이었던 사회주의 사회의 유일하고도 독특한 사례가 있다. 이스라엘 땅에 터 잡은 집단 농장인 키부츠kibboutzim가 그것이다. 부버는 특히 흥미로운 몇몇 페이지에서 키부츠의 구조와 의미를 끌어내어 보여 준다. (물론 이 점과 관련해 독자들은 지나온 거리를——앞으로건 뒤로건——재어 보고 30년 이래 전위된 관계들을 측정할 수 있다며 흐뭇해할 수 있을 것이다.) 그러나 부버는 키부츠 그 자체를 성공이라기보다는 실패-아님으로 평가한다.

그러므로 사회와 국가 사이에는 위험한 변증법이 있을 터이다. 권력 남용의 단순한 효과보다는 위기가 집단체의 본질 자체에 속하는 것 아닌가? 이것은 질문이며, 유토피아적 사회주의에 대한, 사회주의 전체에 대한 이 모든 환기 속에서의 비관적 주해이다.

하긴, 이와 같은 환기, 인간들의 집합적-존재가 실현되어야 하는 사회에 대한 늘 새로워지는 탐구, 자기 목적적으로 세워지는 국가의 구조들 가운데서 이 유토피아적 존재-당위devoir-être의 망각에 대립하는 저항, 사회적 관계를 변형시키는 국가에 대항하는 의식의 재출현, 이런 것들이 객관적 사건이 된다면 사태는 달라질지 모른다. 그런 사건들은 사회와 국가의 변증법에서, 정치를 제한하는 도덕의 계기, 에두를 수 없고 잊을 수 없는 계기를 나타낸다. 부버가 정치적 지배라는 주제에 접근하는 근본적 방식은 때로, 오늘날 사람들이 상투어로 취급하는 데까지 발전시킨 주제, 즉 권력들의 분산된 흐름이라는 주제를 상기시킨다. 이것은 권력 의지 가운데, 외관상 가장 무고하고 가장 자연적인 상호주관적 관계들을 나타낸다. 사람들이 자신도 모르는 사이에 모두 지배자와 피지배자가 되는 상황, 그 여파로 모든 인간적 관계들에서 이 정치적 타락을 정화하려는 움직임이 야기되고, 그래서 사회주의가 하나의 새로운 윤리로 나타나는 상황! 힘과 권력의 유효성에 대항해서 순수한 인간의——유토피아적 인간의——이름으로 우리들의 세계에서 감행된 저항과 순교의 몇몇 행위들이 출현하는 가운데, 이 윤리는 자신의 객관적 지위를 확인한다. 이 윤리는 현실성Wirklichkeit을, 유효한 실재성을 드러내며, 더 이상 '아름다운 영혼'이나 '불행한 의식'의 무능력 속에 억압당한 채 남아 있지 않는다.

어쨌든 부버가 분석한 유토피아적 사회주의의 기여 너머에, 그의 고유한 철학적 인간학의 신조credo가 있을 것이다. 거기서, 인간과 그의 이웃이 맺는 관계는 '나와 너'라는 유명한 모델로 다루어진다. 이것은 객관적 시선의 눈동자 속에서 언제나 승리를 쟁취하는 객관화 및 지배와 구분된다. '나와 너' 모델은 사회와 국가 사이의 구분을 철저히 사유하게 하며, '권력' 없는 공동체를 상상하게 한다. 일종의 수줍은 문체 탓에, 이 인간학은 사람들이 읽을 모든 페이지에 함축적인 것으로 남아 있다. 이 문체 자체는 의도적으로 중립적이고 냉정한, 이를테면 대학교식의 문체여서, 부버의 열정적이며 '영감을 주는' 글쓰기를 거의 상기시키지 못한다. 그러나 지금의 이 에세이는 이 인간학의 사회학적인──그리고 곧바로 사회주의적인──연장延長으로 간주될 수 있다.

평화와 권리

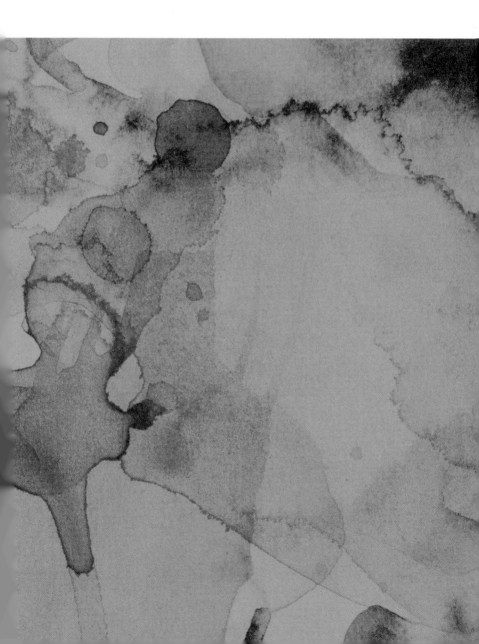

재현 금지와 '인권'

아델리 라시알(Adélie Rassial)을 추모하며

'재현 금지'——유대 전통에서 특정한 이미지들하고만 관련된[1]
——는 신앙의 계율이라는, 더욱이 순수하게 억압적인 규칙이라는
한정된 의미로 이해되어야 하는가? 물론, 이런 문제를 제기하는
가운데 이 같은 금기가 갖는 교육적 효과를 평가절하하지 않는 것
이 중요하다. 즉, 우리가 유대주의에서 칭송하는, 유용성에서 은총
le gracieux 으로 그리고 신성한 것le sacré에서 성스러운 것le saint 으로
올라가는 어떤 사유의 '영성'에 이 금지가 기여한 바를 무시하지
말아야 한다. 게다가, 유대인의 신앙심이나 감성 속에서 이러한 효
력을 정확하고 올바르게 측정하기 위해서는 그것의 성서적 근거
들로 거슬러 올라갈 필요가 있다. '재현 금지', 이런 표현을 그 맥락
을 고려하지 않은 채 일종의 격언처럼 성급하게 유포시켜서는 안

---

1) 이 문제에 대해서는 『바빌로니아 탈무드』에 수록된 로쉬 하샤나(Roch-Hachana, p.24a)
와 아보다 자라(Avoda Zara, pp.42b~43a) 개론을 참조하는 것으로 충분하다.

된다. 우선 아주 가깝게는 성서에 명기된 율법이 그것에 관해 말하는 바를 검토하지 않은 채, 또 여러 차원과 수준의 언어를 통해 구전되는 탈무드 율법의 경우를 검토하지 않은 채 그렇게 해서는 안 된다. 탈무드에서는 한편으로——이때는 과학적 탐구가 중요한데——모든 재현이 허용된다.[2] 여기에는 상당한 학식과 해석학적 식견이 요구되는 연구가 필요하다. 나에 앞서 이런 점을 말했던 사람들이 그와 같은 연구를 시도했었을까? 적어도 그랬길 바란다. 그런 연구가 나의 목적은 아니다.

나로서는, 유대 일신론이 존재들의 재현과 이미지와 관련해 불신을 권장하는 상황에선, 의미화와 의미 있는 것의 구조들 속에서 재현이 사유의 다른 가능한 양태들보다 우세하다는 점이 공표되는 것은 아닌지 묻고 싶다. 재현——사유작용과 사유대상cogitation et cogitatum——에서 현전이, 다시 말해 사유대상의 현시와 타자성이 형성되고 재형성된다. 하지만 자신을 사유에 줌 또는 자신을 사유에 내맡김이 형성되고 재형성된다고 해도 똑같이 정확한 말이다. 그러나 그런 점에서 그것은 포획에 제공됨이다. 그렇다면, 현상학적 기술에 필수불가결한 구체성 속에서, 이미 내민 손에 제공된다는 이런 사태를 오인할 수 있을까? 또 그렇다면, 손에 쥠 속에, 사유의 잠재적 육화의 선험성a priori을 포함하지 못할 수 있을까? 그리고 이런 쥠 속에서 쥐어진 것을, 즉 단단한 것, 존재자, 사물 또는 '어떤 것'을 망각할 수 있을까? 봄과 잡음의, 그러나 재-현 속에

---

2) 로쉬 하샤나(p.24a)와 아보다 자라(p.43a) 개론 참조.

서의 결합과 공모, 사유된 것을 사유의 재량에 그리고 사유의 한도에 둠. 이것은 봄과 앎의 내재성 또는 봄과 앎의 근본적인 무신론이다. 또는 그것들의 우상숭배 유혹이다! 여기서 사유는 가시적이고 조형적인 형태들로서, 얼굴 속에서 표현되는 유일한 자의 유일성에까지 접근한다. 그것의 유genre에서 유일한 자의 유일성——또는 모든 유를 깨뜨렸던 유일성——은 사랑받는 자가 사랑하는 자에게 유일하다는 바로 그런 의미에서의 유일성이다. 사랑하는 자에게는 곧바로, 사랑받는 자의 죽음에 대한 불안을 의미하는 유일성. 그렇지만 이미지 속에서, 사유는 조형적 형태들로 환원된 타인의 얼굴에 다가간다. 강렬하고 매혹적이며, 고조된 상상에서 나오는 형태들——이런 것들이 예술 작품일지 모르겠다! 어떤 관점에선, 순수한 나타남의 조형성 속에서, 「시편」 115편에 나오는 "말하지 않는 입의", "보지 않는 눈의", "듣지 않는 귀의" 삽화적 형태들이 나타난다. 이런 구절들에서는 생기 없는 우상idole inanimée이 간취된다. 특히, 얼굴과 닮은 생기 없는 것——이것은 "초상화 그리기"에 내맡겨지는데——은 "복제품들"로, "사본들"로 진입한다. 이것은 유일자의 유일성을 지우는, 그것——개체——을 유의 일반성으로——확장으로——돌려보내는 그림자들이다. 유사성이 지배하는 또는 유사성이 퍼져 있는 "질서" 자체의 열림인 것이다.

재현은 이러저러한 사유로, 지향성으로, 현전이나 재현에서 제시되고 주어지는 것의 주제화로 귀착한다. 지시사를 통해, 요컨대 구체적으로는 손가락으로, 집게손가락으로——결국 또는 처음부터——가리켜지는 것의 주제화로 귀착한다. 이렇듯 사물을 사유하는 사유가 우세하다.[3] 사물은 이 사유의 실재적réelle 부분을 이루지는 않지만, 현전 속에서 이 사유에 주어진다. '비실재적으로' irréellement 또는 관념적으로 현전하는 사물, 후설의 용어로는 "지향적 대상"으로 현전하는 사물. 어떤 방식으로든 이 사유의 조직 자체에서 선취해야 할 존재 없이 사유에 현전하는 사물. 그러나 이것은 특정한 방식으로 논리적 분절들과 사유의 공허한 형식들과 결탁하고 그것들을 고정시키는 현전의 현전함이다. 사유는 스스로를 이 빈 형식들 속에서 주제화와 앎으로 모아들인다. 이런 형식들은 개념적인 것까지 받아들인다. 이 개념적인 것은 이미 감각적인 것으로부터 꽤 멀어진 것이지만, 여전히 어떤 것 일반etwas überhaupt —— 여기에 해당하는 훌륭한 프랑스어로는 "quelque chose"가 있다—— 으로 간주된다. 이것은 그렇게 명명된 빈 형식 속에서 사물의 자취 속에서처럼 나타난다.

이 빈 형식은 시간 그 자체에 적용되는데, 이때 시간은 자신의 "흘러감"écoulement에 대한 의식, 자신의 통-시성에 대한 의식 속에서까지 현전으로서 사유된다. 이 통시성은 즉시, 다시-붙잡히거나 미리-붙잡힌 현전, 다시 기억되고 예상된 현전에 기초하여, 재현 속 지속의 공시화로서, 또는 시대들을 포괄하고 결합하는 텍스트로 모아진 글쓰기 기호들의 동시성 속의 역사적 이야기로서 해석된다. 시간의 통시성은 이렇게 부동의 영원성의 "결여"로 체험

---

3) 『예측치 못한 역사』(Les imprévus de l'histoire, Fata Morgana, 1994)에 재수록된 논문 「실재와 그 그림자」(La réalité et son ombre) 참조.

되며, 또 흐름flux이라는 은유로 표현된다. 마치 시간이 흐르는 액체와 비교될 수 있는, 하나의 존재자이기나 한 듯이 말이다. 사유 속에 있는 "어떤 것"의 특권, 그것은 또한, 모든 의미작용을 이른바 "명명"과 관련시키는 언어의 방편들 속에서 입증된다. 여기선 모든 의미작용이 한 명제 안에서의 명사nom로 나타날 수 있고, 모든 의미작용은 실사substantif일 수 있다. 이런 의미작용의 원래 혹은 최초의 문법적 범주가 어떤 것이든──형용사, 동사, 부사, 전치사, 접속사나 감탄사, 그리고 통사론적 소사小辭들, 또 문장의 모든 구조들, 문장 그리고 완전한 문장이든──말이다. 그것은 역시 명사화 될 수 있다.

그러니까 "재현 금지"는 사람들이 앎으로 환원하고자 하며 근원적이라거나 궁극적인 것이라고 주장하는 이해가능성intelligibilité에 대한 고발이 아닐까? 그것이 스스로를 정신의 탄생지이며 정신의 삭제 불가능한 범주들을 지니고 있다고 내세우며 아마도 부당하게 존엄성을 요구하는 데 대한 고발이 아닐까? 어느 누구도 앎과 실사의 합법성과 주권성을 불가피한 영역에서 그리고 지성 intelligence의 본질적인 계기에서 문제 삼을 만큼 어리석거나 비상식적이진 않을 것임은 의심의 여지가 없다. "재현 금지"를 통해 우리는 서양 문화가 자신이 품고 있는 의식과 과학에 부여하게 됐을 법한, 그래서 자기에 대한 의식으로서 스스로에게 궁극적인 지혜와 절대적 사유를 약속했을 법한 배타적 특권만을 문제 삼을 뿐이다.

이런 문제가 제기되는 이유가 재현이 오직 사물의 순수한 물질성에 바쳐지기 때문은 물론 아니다. 재현이 추상이 될 수 없고 비-물질적인 것을 겨눌viser 수 없는 듯 여겨지기 때문은 아니다. 오히려 그 이유는, 재현이 끝없이 갱신하는 현전을 통해 사유가 자신의 타자와의 합치를 늘 성취하기 때문이다. 지향성인 재현이 언제나 "어떤 것"——목표but, 목적fin, 유한한 것fini, 종점terme——을 겨누기 때문이다. 모든 사유는 겨눔과 지향성, 목적성 그리고 유한한 것에 대한 포착이 아닌가? 지향성에 대한 이의제기는, 감각적 경험론이나 심리적 원자론이 충족되는 어떤 감성적 인상을 통해 그 자신에 닫힌 심성으로 되돌아가려는 것이 아닐 것이다. 오히려 재현 금지는 의미 있는 것 속에서 하나의 초월을 시사할 것인데, 이런 초월과 관련해 보자면 지향성의 초월은 자기의식에 갇힘에 불과할 것이다. 비록 그것이 콩디약Étienne Bonnot de Condillac이 말하는 감각의 내재성보다는 덜 협소하고 덜 숨 막히는 것이라 해도 그렇다.

이 초월은 다른 인간과의 관계 속에서, 즉 이웃의 근접성 속에서 생명력을 갖는다. 이웃의 유일성, 따라서 이웃의 환원 불가능한 타자성은 타인의 얼굴을-응시하는/얼굴을-벗어나는dé-visager 지각 속에서 여전히 또는 이미 잘못 알려질 수 있을 것이다. 나타나는 조형적 형상에 얼굴은 이미 없다. 얼굴은 예술 그 자체에서 얼어붙는다. 예술가가 현전 속에서 다시 시작하는 형상적인figuratif '어떤 것'에서 형상을 지우려défigurer 함에도 불구하고 그렇다. 다른 사람의 얼굴에서의, 다른 사람의 마주함faire face 속에서의 그의 초월. 이 마주함은 모든 올곧음의 근원적 구체성인 그의 극단적 올곧음droiture을 통해, 냉혹한 죽음에 노출되는 것이다. 모든 특수한 표현 이전에, 또 이미 취해진 모든 특수한 표현 아래, 사람들이 내보이는 표정 아래, 이미 찌푸리고 감추고 막는 표정 아래, 표현으로서의 표현의 궁핍함과 벌거벗음이 있다. 보호 없는 벌거벗음이, 죽음에로의 특별 송환이 있다. 모든 위태로움précarité보다 더 위태로운 위태로움이 노출의 이 올곧음에 있다. 죽지 않을 수 없음으로서의 얼굴, 그의 나타남 저편에 놓인 타자의 죽지 않을 수 없음. 말하자면, 진리의 탈은폐가 드러내는 것보다 더 벌거벗은 벌거벗음. 현상의 가시성 저편의, 희생자의 방기. 그러나 이 위태로움 자체에서의 "죽이지 말라"──이것이 또한 얼굴의 의미이다. 노출의 이 올곧음 속에, 다른 사람에 대한 나의 책임을 곧바로 요청하는 권리의 선언이 있다. 이 선언은 모든 언어적 기호에 앞선다. 그것은 나를 소환하고 나를 요청한다. 마치 타인의 얼굴이 마주하고 있는 비가시적인 죽음──모든 것과 분리된 유일성──이 나의 일인 것처럼 말이다. 자아를 유일성으로 수립하는 선출로서의 이런 양도 불가능한 책임 속에 자아의 자아성égoïté 자체의 원천이 있다. 이 유일성은 유genre의 모든 개체화 저편에, 종차 저편에 있는 논리적으로 식별 불가능한 유일성이다. 유죄성에서 유래하지 않는 책임. 타인의 임종 시에 그를 홀로 내버려 두지 말라는 명령에 응답하는 무상의 책임. 이것은 마치 타인의 죽음이, 나의 죽음 이전에 나를 응시하는 것과 같다. 마치 이 죽음──거기에 노출되어 있는 타자에게는 보이지 않지만 그 노출의 얼굴을 통해 내게 드러나는──에 관해, 나의 무관심으로 인해 내가 공모자가 되어 버린 것과 같다. 내가 어떤 일을 할 수 있었음에도 말이다. 평온함은, 또 존재에 집착하는 선한 의식은 여기선 다른 사람을 죽게 내버려 두는 것과 같지 않을까?

"죽이지 말라", 이것은 그러므로 "이웃을 살려라"를 의미한다. 이 사회성의 사건은 추상적이고 공통적인 '인간성'의 이름을 건 온갖 연합에 우선한다. 인권은 절대적이고 본래적으로 타인에서만, 다른 인간의 권리로서 의미를 갖는다. 내가 결코 저버릴 수 없는 권리! 이렇듯 타인에 대한 무한한 책임, 내재성의 근본적 불가능성! 얼굴의 침묵하는 명령 속에서 "관념에 오는" 무한. 이것은 신의 말인가? 어떻든 이 말은 실정 종교의 계시에 선행해야 한다. 만일 그 말을 듣는 사람들이 누가 그들을 부르는지 알고자 하고 또 그들이 이미 들었을 목소리를 알아차리고자 한다면 말이다.

타인과의 관계가 한 유의 전체성 속의 한 번호로 간주되는——"어떤 것"으로 간주되는——누군가에게 접근하는 것으로 묘사될 수도 있으리라는 점, 우리는 타인을 "경험할" 수 있으며 타인의 몸짓이나 표현적 말로부터 관찰자——자신의 존재 권리를 보장받은 인간——가 알고 있는 것과의 유비를 통해 타인의 생각과 내적 생활 및 그 사람 자체를 파악할 수 있고 또 그런 것들을 계산이나 정치에 도입할 수 있다는 점, 그리고 이것이 그의 일상적 행동과 미래 및 역사에 주의하는 행동을 이해하는 데 충분하며 또 재현된 사물과 인간 앞에서 어려움을 헤쳐 나가는 그의 방식을 이해하는 데 충분할 수 있다는 점, 이런 것들은 분명 쉽게 받아들여진다. 물론 여기서 다른 사람, 이웃은 그의 유일성 자체가 지닌 근본적 타자성을 이미 위태롭게 하게 될 것이며 또 무-기력하게 만들게 ^{é-nerver} 될 것이다. 완전히 재-현된 존재의 경제적·군사적·기술적 균형에 필요한 관리와 통계들을 촉진시키면서 말이다. 물론, 이 균

형이 타인에 대한 책임을 통해 인간의 권리——이것은 근원적으로
다른 인간의 권리인데——에 더 잘 응답하게 하는 한에서는, 이런
보편적 재현은 금지되지 않을 것이다. 그러나 이미지에, ~에 대한
의식에, 그리고 그것의 "초월론적 종합들"에 거역하는 유일성이나
타자성이——모든 특수한 표현에 앞서서——표현되는 것은 얼굴
의 "에피파니"에서다. 여기서 "놀라운 명령" 또는 "신의 말"이 들
린다. 이것은 최초로 온 자에 대한 끊임없는 책임에 깨어 있는 유
일한 각자에게서 "나는 생각한다"의 통일성을 중단시킨다. 무상의
책임, 이것은 내가 저지를 수 있었던 것이냐 그렇지 않았던 것이냐
와 무관하다. 논리적으로 식별될 수 없는, 나의 유일성의 끝없는 책
임. 이 책임은 육욕 없는 사랑의 엄격한 이름이기도 하다.

   이것[앞서 열거한 점들]은 **사용대상들**Gebrauchsobjekte에 대한 후
설의 결정적 발상들이다. 사용대상들은 그것들의 나타남으로 환
원될 수 없는 순수하게 이론적인 우리의 "사안들"이며, 후설이 눈
앞의 대상 자체Vorhandene Objekte als solche[4]라고 지칭했던 것의 현전
과 동일한 직접성을 "구성적으로"——사용의 대상들로서——갖는
다. 이 발상은 『존재와 시간』의 뛰어난 분석을 통해 "도구성"——하
이데거의 Zuhandenheit——개념으로 인도되는데, 이것은 어
떤 '대상성'에서의 모든 '정초'로부터 해방된 존재 양태로 또는
"순수한 봄"blosses Hinsehen에 제공되는 미리 주어진 눈앞에 있음

---

4) 특히 후설의 『이념들 I』(Ideen I), §27, p.50을 보라.

Vorhandenheit으로 이해된다. 이런 발상은 엄밀한 의미의 윤리적 문제에 낯선 것으로 남는다. 여기서 우리는 아주 일찍부터, "대상을 인식한다는 것은 그것을 이용하는 법을 아는 것이다"라는 베르그손 명제의 반향을 들었다. 또한 루시앙 레비-브륄의 저작을 통해 "원시적 정신상태"mentalité primitive[5]에서의 재현에 관해 배웠던 것의 반향을 들었다. 이것이 우리로 하여금 순수한 재현으로부터 해방된 사유를 숙고하게 하는 그 모든 관점들임은 확실하다. (그리고 그러한 사유는 이 점과 관련해선 무엇보다 앞서, 부버와 가브리엘 마르셀의 놀라운 가르침과의 접촉이다. 이들이 발견하고 정복했던 그 땅들을 자신도 모르는 사이에 밟게 될 자가 누구건 그의 충성이 이들에게서 멀어질 순 없을 것이다.) 재현에 우선하여 의미를 지닌 것을 내세우는 이 모든 페이지들은——그럼에도 초월론적 철학은 사유의 기원을 이 재현에 놓았는데——우리가 이미 조형적인 형식들 배후에 귀 기울일 수 있게 한다. 그런 형식들에서 얼굴은 현시되고 재-현되며 이미지로 나타나는 것 이상을 하지 못한다. 거기서 이 이미지를 통해 얼굴은 어떤 것으로 탈은폐된다. 이 모든 페이지들은 우리가 (이렇게 말할 수 있다면) 고대적이고 성서적인 부름과 명령에 귀 기울일 수 있게 해주었다. 이 부름과 명령은 죽음에의 노출인

---

5) 예를 들어, 우리의 논문 「레비-브륄과 현대 철학」("Lévy-Bruhe et la philosophie contemporaine", *Revue philosophique de la France et de l'étranger*, no 4, 1957, 특히 pp.558~561의 '재현의 파멸'[La ruine de la réprésentation]) 참조. [이 논문은 레비나스의 『우리 사이』(*Entre nous. Essais sur le Penser-a-l'autre*)의 국역본(김성호 옮김, 그린비, 2019) 69~89쪽에 수록되어 있다.—옮긴이]]

올곧음으로부터 타인을 위한 책임으로 주체를 일깨운다. 죽지 않을 수 없음, 그러나 또한 가책 없이 자신의 존재에 집착하는 실체적 자아를 문제 삼는 권리. 이런 자아를 파스칼은 가증스럽다고 말할 수 있었다.

평화와 근접성

|

유럽과 평화의 문제, 이것은 우리 유럽인들의 의식의 모순성이 제기하는 바로 그 문제다. 이것은 우리 안의 휴머니티의 문제고, 유럽 중심성의 문제다. 자신의 존재 안에 머물려는 존재자들의 야만적인 집착이 여전히 활동하고 있는 유럽의 '생명력'은 이미 평화에, 폭력보다 나은 평화에, 더 정확히 말해서 인간성의 평화에 매혹되었다. 우리 유럽인들에게 이 인간성의 평화는, 진리인 것에서 출발하여 인간의 평화를 기다리고자 하는 그리스적 지혜로 이미 정해져 있다. 진리에서 출발한, 앎의 진리에서 출발한 평화. 이 진리에선 다양한 것이 대립하기는커녕 합의되거나 통일된다. 여기서 낯선 자는 동화된다. 여기서 타자는 저마다 동일적인 것의 동일성과 화해한다. 플라톤주의적인 또는 신플라톤주의적인 일자 관념에 따라, 다수의 것이 유일성으로 회귀하는 것으로서의 평화. 진리

에서 출발하는 평화. 이 진리는 경이로움 중의 경이로움으로서, 사람들에게 강요하거나 사람들과 싸우지 않으면서 그들에게 명령하고, 사람들을 노예로 만들지 않으면서 다스리거나 모으며, 정복하는 대신에 대화를 통해 설득할 수 있고, 계산과 기술의 사용법을 통해 자연의 적대적 요소들을 지배한다. 국가에서 출발한 평화. 여기서 국가란 동일한 관념적 진리들에 참여하는 사람들의 모임일 것이다. 이것은 국가 안에서 연대——유사한 자들 사이에서 건네지는 봉사를 통한 상호성의 정확한 척도——가 확증하는 평온함으로서 누려지는 평화다. 각자가 그 속에서 자신의 쉼을, 자신의 장소를, 자신의 기반을 발견하게 되는 한 전체의 통일. 평온과 쉼으로서의 평화! 좋은 기반을 가지고 있거나 자신들의 실체의 숨겨진 견고함에 기초하는, 자신들의 동일성에 자족하거나 자기로 만족할 수 있으며 만족을 추구하는 그런 존재들 사이의 쉼의 평화.

하지만 그때 이래 유럽인들의 의식은 모순으로 인해 온전치 않다. 이 모순은 유럽인들의 의식을 근대성의 시간에서조차 찢어 버린다. 이 근대성의 시간은 아마 명백함 속에 수립된 대차대조표들의 시간이며 충만한 의식의 시간일 것이다. 보편적 앎이 세계와 인간 사회에——그리고 앎의 진리 속에서 정당화를 추구하는 종교적 메시지에——비추는 빛에 의해 약속되는 평화와 자유 그리고 웰빙bien-être의 이 역사는 자신을 확인하지 못한다. 형제 실해적이고 정치적이며 피로 얼룩진 투쟁의 장구한 시간 속에서, 제국주의와 인간에 대한 경멸과 착취로 물든 장구한 시간 속에서 말이다. 이런 시간은 양차 세계대전과 홀로코스트의 집단학살 그리고 테러리즘으로 점철된, 제3세계에서 계속되는 실업과 빈곤, 파시즘과 국가사회주의의 비정한 독트린과 잔혹함——더욱이 이런 면은 인간 및 인간의 권리에 대한 보호가 스탈린주의로 전도되는 최고의 역설에서까지 나타나는데——으로 점철된 우리 시대에까지 이어진다.

이로 인해 유럽과 유럽 문화의 중심성이 논박된다. 유럽의 피로疲勞! 일찍이 '너 자신을 알라'에서 시작하여 자기의식 속에서 전 우주를 탐구하고자 했던 이론적 이성의 보편성의 파열. 이로 인해 세계의 온갖 경계들에 놓인 특수한 문화들이 긍정되고 가치를 부여받는다. 유럽의 대학Université 그 자체의 정점들에서, 메아리와 인정을——종종 근원을——그리고 늘 호의적인 지성을 찾아내는 긍정. 유럽의 오래된 보편주의universalisme의 명목으로 우리의 낡은 세계에 도입된, 유럽과 동등함을 주장하는 수많은 특수주의particularisme를 향한 관심. 더 이상 '야만적 이국정서'에 대한 어떤 취향에서 기인하지 않는 관심, 아리스토텔레스의 논리와는 다른 논리에 대한 찬양, 문명화된 것과는 다른 사유에 대한 찬양. 식민지 전쟁에 대한, 이전에 미개인이라고 불렸던 사람들을 오래 억압한 데 대한, 전적으로 하나인 세계의 슬픔에 오랫동안 무관심했음에 대한 기억이 제공하는 후회에 의해 설명될 법한 찬양. 따라서 유럽 자체로부터 출발한 유럽의 중심성에 대한 논박. 그러나 아마 바로 그 때문에, 이것은 그리스적이지만은 않은 유럽에 대한 증언이다! 그리고 또한 바로 그 때문에, 이것은 우리가 그 모든 약속에 충실하고자 하는 하나의 유럽에 그리스적 유럽이 기여한 바가 정확히 무엇인지를 알아야 한다는 문제를 제기하기도 한다.

게다가 다른 측면에서 보자면 그리고 가장 극적인 사건들과 관련해서 보자면 유럽을 거스르는 유럽. 상당한 정도로 지구의 운명을 결정하는 거대한 제국들은 유럽의 정치, 경제, 과학, 기술에서 그리고 이것들의 확장력에서 유래했다. 보편주의 또는 제국주의! 지정학적 유럽을 넘어서는 유럽의 제국들. 인류를 품는 대지 자체를——필요하다면——폭파해 버릴 준비가 되어 있을 정도로 힘의 경쟁을 펼치는 유럽의 제국들. 진리에 대한 탐구——이것이 근대 과학이 되었는데——가 존재로부터 해방시킨 에너지에 의한 대지 그 자체의 폭발. 여기의 이 진리는 존재 그 자체를 위협한다. 여기서 진리는, 말하자면, 존재로서의 존재를 위협하며, 이런 힘들을 발견한——또 발견되게 한——유럽을 실격시킨다. 그러나 의심할 나위 없이, 실격시키고 고발하는 이런 방식 자체는 이미 어떤 정신의 소명에서 생겨나는데, 그 정신에 속하는 지혜의 사랑은 사랑의 힘들을 번역하지도 못하고 고갈시키지도 못한다.

II

이런 양심의 가책은 문화의 특정한 기획과 그 결과들 사이의 모순만을 표현하는 것이 아니다. 그것은 각자에게 자신의 행복의 평온함을, 세계를 소유할 자유를, 그리고 또한 틀림없이 그 무엇에 의해서도 방해받아서는 안 될 소유의 가능성을 확증하는 평화의 유혹들로만 만들어지는 것이 아니다. 이 가책은 헤겔의 방식인 사변적인이거나 변증법적인 기획의 궁지가 아니다. 그런 기획은 전쟁, 암살, 고통에 무관심하다. 그런 것들이 합리적 사유——이것은 정치이기도 한데——의 전개에 필수적이지만, 논리와 이성적 완성을 중시하는 개념들의 형성에 필수적이지만 말이다. 이 가책은 유럽이 극적으로 보여 준 실재의 비일관성들로 논박된 한 체계의 지적 기만이 아니다. 또 그것은 각자를 공포로 몰아넣는 죽음의 위험만도 아니다. 개념들이 합치하는 바로 그곳에 범죄를 저지른다는 불안이 있다. 타인의 죽음이나 고통 속에서 각자에게 돌아오는 책임의 불안이 있다. 각자의 필멸성에 놓인 자기를 위한 각자의 공포는 저질러진 살인의 위중함을, 그리고 타인의 고통에 대한 무관심이라는 스캔들을 흡수하는 데 이르지 못한다. 안전성이 없는 세계에서 각자가 자기를 위해 겪는 위험 뒤에서, 문화와 역사의 직접적인 비도덕성에 대한 의식이 깨어난다. 그러므로 우리는 유럽의 사명을 통해——그것이 가져오는 진리의 메시지 앞에서——십계명과 성서의 '죽이지 말라'라는 말을 듣게 되지 않겠는가? 「창세기」 32장에서 야곱은 그의 형 에서Esau——적이자 친구——가 '4백 명의 선두에서' 그를 만나러 온다는 소식에 혼란스러워한다. 8절은 우리에게 "야곱이 많이 두려워했고 불안해했다"고 알려 준다. 두려움과 불안 사이에는 어떤 차이가 있는가? 랍비 주석가인 저명한 라시Rachi는 우리에게 명확하게 말한다. 그는 자신의 죽음을 두려워했으나, 죽여야 할지도 모른다는 것에 불안해했다.

우리 유럽의 위기의 이 윤리적 계기에 대해, 우리의 불안에 대해, 야곱의 불안에 대해——행해질 폭력에 앞서 체험된 그런 불안에 대해──생각해 보자. 설령 그것이 역사의 논리적 전개에, 진리의 도정이 요구하는 역사의 전개에, 절대적 사유 안에서 진행되며 진행의 끝에서 '동일적인 것과 비-동일적인 것의 동일성'의 평화를 약속하는 진리의 도정이 요구하는 역사적 전개에 필연적이라 할지라도. 우리 유럽의 위기의 이 윤리적 계기(이것은 특히 프란츠 로젠츠바이크의 철학적 작업이 입증해 준다. 로젠츠바이크는 헤겔의 사유를 통해 성장하였으나 제1차 세계대전을──제1차 세계대전뿐이긴 해도──경험한 사람이다)에 대해 생각하면서, 우리는 이렇게 자문할 수 있다. 진리의 부름보다 더 긴급한 부름, 또 우선 진리의 부름과 구분되는 부름에 평화가 응답해야 하는 것 아닐까. 어떤 유럽인들도 거부할 수 없을 진리의 이상 자체를 평화의 이상──앎의 이상보다 오래된 이 평화의 이상은 다만 진리의 부름에 자신을 열 것인데──과 관련하여 이해해야 하는 것 아닐까. 앎 그 자체는, 또 역사를 지배하는 정치는 그것들이 이미 평화의 요구에 응답하고 또 이 요구에 의해 인도될 때 제자리에 있게 되는 것 아닐까. 그러나 이 경우 평화는 더 이상, 인간의 동일성을 그의 실체성 안에서 단순히 확증하는 것으로 귀착하지는 않을 것이다. 평온함으로 이루어진 자신의 자유로, 자기 자신에서 그리고 자아라는 자신의 동일성 안에서 토대를 발견하는 존재자의 쉼으로 귀착하지는 않을 것이다. 이제부터 관건은 더 이상, 문을 걸어 잠근 채 자기 안에 머물며 바깥에 있는 자를 거부하고 무시하는 인간의 부르주아적 평화가 아닐 것이다. 중요한 것은 더 이상, 일자의 유일성이라는 이상에 부합하는 평화가 아닐 것이다. 전적인 타자성이 그것을 흐트러뜨린다.

폭력이 합리적으로 필요한 때조차 살해의 스캔들이 은폐되지 않음을 확인하게 되는 감수성 속에서, 평화는 동일적인 것의 흔들림 없는 평온을 의미할 수 없을 것이며, 타자성은 분할된 한 전체에 속하는 부분들, 또 엄격하게 상호적인 관계들에 의해 하나의 전체로 통합되는 부분들을 논리적으로 구분하는 것으로서만 정당화될 수는 없을 것이다.

우리가 명확하게 문제 삼아야 할 것은 인간의 다수성 속에서 자아가 한 전체의 부분으로 환원된다는 견해다. 여기서 이 전체는 그 통일성이 구성원들의 긴밀한 결합이나 이해의 구조인 그런 유기체——또는 개념——를 본 딴 전체의 결속^{solidarité}을 통해 재구성된다. 다음과 같은 질문을 던질 필요가 있다——그리고 이것은 양자택일의 다른 항이 될 것이다. 자아의 동일성과 관련하여 타인의 타자성은 그 용어의 어원학적 의미에서 절대적[1]이라는 특성을——단번에——갖는 것은 아닌가. 타인이 단지 논리적 의미에서의 타자가 아니라는 듯 말이다. 즉, 타인은 하나의 공통된 유 속에서 논리적으로 극복될 수 있는 타자성, 또는 칸트의 '나는 생각한다'에 의해 작동되는 종합에 자신을 맡김으로써 초월론적으로 극복될 수 있는 타자성의 타자가 아니라는 얘기다. 평화는 타자성

---

1) 레비나스에 대한 저명한 연구자이자 편집자인 자크 롤랑(Jacques Rolland)은 레비나스의 『신, 죽음 그리고 시간』의 편집자 후기에서 '절대'의 의미를 다음과 같이 상세히 설명하고 있다. "절대(absolu)라는 말은 풀어주다는 뜻을 가진 라틴어 absolvere에서 온 것이다. 즉 그것은 자신을 언제나 포섭하려는 것에서 벗어나거나 거기서 풀려난다는 것을 뜻한다"(『신, 죽음 그리고 시간』, 그린비, 2013, 360쪽).―옮긴이

을 흡수하거나 사라지게 하기는커녕, 오히려 타인의 근접성이 취하는 우애적 방식이 되지 않는가. 이런 방식은 단순히 타자와의 일치 실패가 되는 것이 아니라, 바로 모든 고독에 대한 사회성의 과잉 surcroît을——사회성과 사랑의 과잉을——의미하게 될 것이다. 우리는 매우 자주 남용되는 이 단어를 경솔하게 말하지 않는다.

공통의 유로 환원 불가능한 타자성과 맺는 관계로서의 평화. (공통의 유에서는 이미 논리적 공통성 속에 놓이므로 그때의 타자성은 상대적 타자성에 불과할 것이다.) 따라서 하나의 체계에 전적으로 속함으로부터 독립적인, 하나의 전체성으로 환원 불가능한, 그리고 종합을 거역하는 평화. 우리가 위에서 언급한 정치적 평화와는 다른 평화의 기획. 이 윤리적 관계는 그러므로 유의 확장 가운데 개체들의 다수성으로 환원된 일자의 통일성이 지닌 단순한 결핍이나 결여일 수 없다! 반대로, 이 관계는 윤리적 평화 가운데 성립한다. 동화 불가능한 타자, 환원 불가능한 타자, 유일한 타자와 맺는 관계에서 말이다. 유일한 자만이 환원 불가능하며 절대적으로 다르다!

그러나 유일자의 유일성, 그것은 사랑받는 자의 유일성이다. 유일자의 유일성은 사랑 속에서 의미를 준다. 이로부터 사랑으로서의 평화가 나온다. 타자성의 유일성은 그러므로 사랑하는 사람의 어떤 주관적 환상과 같은 것으로 생각될 수 없다. 정반대로, 그 자체로서의 주관적인 것은 정확히 말해, 유일자로 가는 통로일 것이다. 존재의 냉정한 본질을 거쳐, 존재의 논리적 형식 및 그 유들의 엄격함을 거쳐, 존재에 머물려는 존재의 집착이 갖는 폭력을 거쳐, 사랑을 통해, 인간의 근접성과 평화를 통해 유일자로, 절대적 타자로 가는 통로일 것이다. 서로를 분리하는 기하학적 공간에서 측정된 어떤 '짧은 거리'와 다른 근접성. 다양한 것을 통합하는 종합 아래에서 이뤄지는 다양한 것의 단순한 통일과는 다른 평화. 논리적으로 식별 불가능한 타자의 타자성 속에서 맺어지는, 한 유에 덧붙여지는 궁극적 차이의 논리적 동일성으로 환원 불가능한 타자의 타자성 속에서 맺어지는 타자와의 관계로서의 평화. 이 타자성에 대한, 이 유일성에 대한 끊임없는 깨어 있음으로서의 평화. 차이의 불가능한 떠맡음assmption 으로서의, 불가능한 정의définition 로서의, 불가능한 통합으로서의 근접성. 불가능한 나타남으로서의 근접성. 그러나 근접성! 후설의 유명한 '간접현시'apprésentation. 빈곤한 재현으로서가 아니라 사랑받는 자의 신비스런 과잉으로서의 간접현시. 참인 것의 내재성──서양에서 정신적인 것의 최상의 은총으로 간주되는──과 관계하지 않는 초월의 고유한 탁월함. 실제로 다음의 사실은 명백하다. 타인과의 평화가 증오로 바뀌는 것은 타인을 하나의 단순한 개체──한 유의, 한 계급의, 한 인종의 개체──로 인식하는 가운데서다. 그것은 타인을 "이것 또는 저것과 같은 종류의" 것으로서 대하는 태도다.

III

우리는 유일자이자 타자와 맺는 관계로서의 평화──사랑이라는 일상적 용어가 가리키는 관계──에 대한 이 형식적 분석을, 이런 구조들을 탈형식화하고 그 구체성 속에서 다시 발견하려고 애쓰는 일 없이는, 현상학 없이는 전개하지 않았다. 우리는 유일한 자의 유일성과 타자성은 구체적으로 다른 인간의 얼굴——이것의 근원적 에피파니는 조형적 형식의 가시성이 아니라 '간접현시'에 있는데——이라고 생각했다. 다른 인간의 얼굴에 대해 깨어 있는 사유는 ~에 대한 사유, 재현이 아니라, 단적으로 ~을 위한 사유다. 순수한 인식함의 한결같고 냉정한 영혼의 균형을 중단시키는 타자를 위한 비-무관심성이다. 앎으로는 식별 불가능한 다른 인간의 유일성 안에서 다른 인간에게 깨어 있음. 최초로 온 자에 대한, 이웃이자 유일한 자로서의 그의 근접성을 통한 접근. 모든 특수한 표현에 앞선 얼굴, 또 이미 용모로서 자기에게 주어져 얼굴의 벌거벗음을 감추는 그런 모든 표현 아래의 얼굴. 탈은폐가 아니라 방어 없는 노출의 순수한 궁핍인 얼굴. 노출로서의 노출, 죽음에의 극단적 노출, 죽지 않을 수 없음 자체. 유일자의 극단적 불확실함précarité, 낯선 이의 불확실함. 진리 안에서 알려진 것, 탈은폐된 것에 대한 강조에 불과한 것이 아닌 순수한 노출의 벌거벗음. 표현이고 최초의 언어이며 부름이자 소환인 노출.

이처럼 단지 인간의 얼굴face만이 아닌 얼굴visage. 바실리 그로스만의 『삶과 운명』(3부, 23장)에는, 정치적 이유로 체포된 자들의 가족, 부인, 부모들이 그 소식을 듣고 모스크바의 루비안카Loubianka 감옥을 방문하는 모습을 그린 대목이 있다. 한 열이 창구 앞에 만들어졌는데, 그들은 다른 사람의 등만을 볼 수 있었다. 한 여인이 자신의 차례를 기다리고 있었다. "[그녀는] 인간의 등이 이렇게나 표현적일 수 있으며 통찰력 있게 정신의 상태를 전할 수 있다고는 전혀 생각하지 못했었다. 창구 가까이 있는 사람들은 특별한 방식으로 목과 등을 늘어뜨렸는데, 위로 올라온 어깨는 용수철과 같은 견갑골을 지닌 채 소리 지르며 울고 오열하는 것처럼 보였다." 타자의 극단적 불확실함으로서의 얼굴. 타자의 불확실함에 깨어 있음으로서의 평화.

실제로 얼굴의 이 극단적 올곧음 속에, 그 표현 속에, 자아와 관계하는, 나^{me}와 관계하는 소환과 요구가 있다. 이 극단적 올곧음 속에 나에 대한 그의 권리가 있다. 나에게 나처럼$^{comme\ moi}$ 관계하는 요구는 이 권리가 의미를 주는 구체적 상황이다. 타인의 얼굴과 직면한 비가시적 죽음이 마치 나의 일인 것처럼, 이 죽음이 마치 나를 응시하는 것처럼 관계한다는 얘기다. 나를 소환하고 나에게 요구하며 나에게 간청하는 얼굴을 통해 자아의 책임이 환기되는데, 이 환기 속에서 타인은 이웃이다.

타인의 얼굴의 이 올곧음에서 출발하여 이전에 우리는, 타자의 얼굴이 그 불확실함과 무-방비 속에서 내게 살해의 유혹인 동시에 '죽이지 말라'는 평화로의 부름이라고 쓸 수 있었다. 이미 나를 고발하고 나를 의심하는 그러나 이미 내게 간청하고 내게 요구하는 얼굴. 인간의 권리는 여기에 있다. 노출의, 명령의, 소환의 이 올곧음 속에 말이다. 그 어떤 존엄성의 부여나 그 어떤 공적보다 더 오래된 권리. 이웃의 근접성——근접성의 평화——은 타자를 위한 나의 책임이며, 죽음의 신비 앞에 그를 홀로 내버려 둘 수 없음이다. 이것은 구체적으로 타자를 위해 죽는 일을 받아들임이다. 타인과의 평화는 거기까지 나아간다. 이것이 이웃에 대한 사랑의, 육욕 없는 사랑의 무거움^{gravité}이다.

순수한 쉼의 평화에서처럼 그 동일성 속에서 자신을 확증하는 것이 아니라, 이 동일성 자체를, 그의 제약되지 않은 자유를, 그의 능력을 문제 삼는 것이 관건인, 이웃 사랑의 평화.

IV

그러나 진리와 앎의 질서는 이러한 근접성의 평화와 그 평화가 의미하는 윤리적 질서 속에서 어떤 역할을 수행한다. 객관성, 진리, 앎 등의 질서를 야기하거나 불러내는 것은 인간적 근접성의 윤리적 질서인 경우가 대부분이다. 이것은 유럽의 방향 자체에서 극도로 중요하다. 유럽의 성서적 유산은 그리스 유산의 필수적 성분을 함축하고 있다. 유럽은 두 가지의 문화적 흐름의 단순한 융합이 아니다. 유럽은 이론적인 것과 성서적인 것의 지혜들이 수렴함 이상의 것을 행하는 구체성이다. 타자이자 유일자와 맺는 관계——이것이 평화다——는 그렇기에, 인간들의 평화에 필수적인 개념들을 주제화하고 동시화하며 종합하는 이성을, 세계를 사유하고 존재에 대해 반성하는 이성을 요구하기에 이른다.

다른 인간을 위한 책임은 그것의 직접성 안에서 확실히 모든 질문에 선행한다. 그러나 만약 제삼자가 주체로서의 나의 종속이 이웃에 대한 종속이 되는 둘에서의 이 외재성을 혼란스럽게 한다면, 어떻게 이 책임이 의무로 주어지는가? 제삼자는 이웃과는 다르다. 그러나 또 다른 이웃이기도 하다. 그는 타자의 이웃이지만 단순히 타자와 비슷한 자는 아니다. 나는 무엇을 해야 하는가? 그들은 서로에게 무엇을 했는가? 나의 책임에서 누가 다른 자에 앞서 지나가는가? 그들은, 그러니까 타자와 제삼자는, 타자와 관련한 일자는 무엇인가? 문제의 탄생이다.

인간-사이에서 첫번째 문제는 정의의 문제다. 이때부터 앎이, 의식을 이룸이 필요해진다. 유일자이자 비교 불가능한 자와 내가 맺는 관계에 비교가 겹쳐진다. 공평이나 평등, 무게달기, 사유, 계산, 비교 불가능한 것들의 비교 등의 견지에서 말이다. 또 그래서 이런 비교는 존재의 중립성——현전이나 재현——, 주제화, 그리고 개체의 단순한 개체화처럼 어떤 점에선 얼굴에서-벗어나게 dé-visagé 하는 얼굴의 가시성의 견지에서 행해진다. 소유와 교환의 무게. 한 종합적 주제하에서 다수의 것과 세계의 통일을 함께 생각할 필요. 이를 통해 지향성에 대한 사유와 관계의 가지성에 대한 사유, 존재의 궁극적 의미화에 대한 사유에서 승급이 이루어진다. 이를 통해 결국 인간적 다수성에서 법에 따르는, 또 그래서 제도들에 따르는 사회의 정치적 구조의 극단적 중요성이 생겨난다. 이러한 법과 제도들 속에서 주체성의 타자를-위함은——자아는——시민의 존엄성과 더불어 본질적으로 평등주의적인 또는 평등주의적이고자 하는 정치적 법들의 완전한 상호성 속으로 들어간다.

그러나 이렇게 승급한 정신의 형태들과 이렇게 모든 의미의 근원적 특성을 취하는 합리적 진리 또는 존재로서의 개념들은, 그리고 제도들 및 거기에 기초하여 수립되는 관계들과의 정치적 일치는 매 순간 자신의 무게 중심을 자기 자신에 두려 하며, 인간들의 운명을 그들의 셈으로 달아 보려——이것이 투쟁과 폭력의 원천인데——한다. 그런 한에서 그것들의 기원, 정당화, 척도로서 평화와 정의를 다시금 생각해 보는 것이 우리에게 중요해 보인다. 그리고 그것들을 윤리적으로 정당화할 수 있는——즉, 인간에게 존재의 무게 아래에서 존재-사이에서-벗어남dés-inter-essement이라는 그의 고유한 의미를 보존할 수 있는——이 정의가 인간 대중을 통제하는 중립적이고 익명적인 합법성이 아님을 다시금 생각해 보는 것이 중요해 보인다. 일시적 폭력과 잔혹함을 통해 적대적이고 맹목적인 힘들을 조화시키는 사회적 평형의 기술은 그러한 합법성에서 도출되는 것이다. 그 자신의 고유한 필연성에 내맡겨진 국가를 이렇게 정당화하는 것은 불가능하다. 그 어떤 것도 '타자를 위한 일자'의 책임의 통제에서 벗어날 수 없는데, 이 '타자를 위한 일자'는 국가의 한계를 그려 주며, 컴퓨터 따위가 가능하게 할 일반적 규칙 아래로 개별적인 경우를 단순히 포섭하는 것으로 그치지 않는 인간들에 대한 주의를 끊임없이 요구한다.

유럽적인 것이 완성되는 곳은 평등하고 정의로운 국가이며, 이것을 수립하는 것이, 무엇보다도 이것을 유지하는 것이 관건이다. 이러한 국가가 만인에 대한 만인의 전쟁에서 발생하는지, 아니면 타자를 위한 일자의 환원 불가능한 책임에서 발생하는지를 아는 것——아마도 이것이 20세기의 유럽의 경험일 것인데——이 중요하다. 국가가 얼굴의 유일성과 사랑을 무시할 수 있는지를 아는 것이 중요하다. 전쟁이 역사적 필연성이란 이름으로 선한 의식을 통해 전쟁을 창출하는 일이 되지 않기 위해 이를 아는 것이 중요하다. 의식은 타자에 대한 일자의 근접성 속에서 제삼자의 현전으로 태어나며, 그것이 제삼자의 현전에서 연유하는 한에서 그 의식은 존재-사이에서-벗어남이 될 수 있다. 의식의 정초가 정의이지 그 반대가 아니다. 객관성은 정의에 기초한다. 타자를-위함의 과도한 관대함에, 하녀와 같은 또는 천사와 같은, 앎을 통한 정의의 합리적 질서가 겹쳐진다. 그리고 철학은 여기서 평화와 근접성인 타자를-위한-일자의 무한으로 가져와진 척도가 되며, 그래서 사랑의 지혜로서 자리 잡는다.

다른 인간의 권리

르네상스 이후로 생각되었듯, 인권Droits de l'homme의 형식적 특징
은 각각의 인격에 결부되어 있다는 데 있다. 어떤 권위나 전통에서
기인하는 이전의 모든 특권으로부터 독립하여, 또한 이 권리를 찬
탈하거나 누리려는 모든 행위로부터 독립하여서 말이다. 자연적
이라 불리기도 하는 권리들인 이 인권은 또한 인간들을 서로 구분
짓는 물리적이거나 정신적인 차이들 및 개인적이거나 사회적인
차이들과 무관하게 동등한 명목의 인간들에게 속하는 것이다. 모
든 합의된 법에 앞서, 인권은 선험적a priori이다. 타인에게 죄를 범할
수 있는 인간 존재들——타인의 권리를 침해하는 인간들, 또는 금
전적이거나 도덕적인 무능 때문에 자신의 인간적 본성 자체에서
기인한 이 권리를 실제로 완전히 실행할 수 없는 이들——은 물론
그들의 경험적 여건 탓에 이런 권리의 한계를 겪는다. 그러나 이
한계는 이를테면 적법하다. 달리 말해, 이 한계는 이런 한계가 진술
되는 명시적이거나 암묵적인 '판단/판결' 속에서 이해된 이 권리

들의 풍부함에 상응하는 것이다.

인권의 실효성, 인권이 법적 결정들에 편입되는 사태, 이 질서 속에 있는 인권의 무게, 인권이 발견되고 구체적으로 공식화되는 사태 자체, 이런 것들은 한 사회의 문화적·기술적·경제적 상태에, 그 사회의 구조들과 혁신에, 가깝고 먼 외국 문명들의 영향력에, 시민들의 통찰력과 지적 명석함에 많은 부분을 빚지고 있는 필연적인 사회적·심리적 조건들을 포함한다. 하지만 이런 조건들이 권리로서의 이 권리의 기초는 아니다. 이 조건들은 인간의 인격에 선험적으로 결부된 이 '특권'의 원리도 아니며 정당화도 아니다. 그러나 이 권리의 내용이 자의적으로 만들어진 것은 아니다. 그 내용은 그것의 '규범적 에너지'가 나타나는 선험적인 것 자체로부터 그 형식의 힘으로vi formae 생겨나는 것이 아닌가? 자유 의지에 대한 권리라는 형식으로, 그리하여 원칙상 절대적인 것의 독립성으로서, 존엄성으로서 말이다.

그러나 자유 의지에 대한 권리를 의미하는 인간의 권리는 인간——인간들 가운데서의 인간, 현-존재 안에서의 인간——의 경험적 질서의 구체성 속에서 현-존재 또는 살아감의 권리로, 삶을 유지하는 욕구를 만족시킬 권리로, '자신의 삶을 벌게 하는'gagner sa vie 노동의 권리로, 자신을 떠받치게 해주는 안녕bien-être과 아름다움에 대한 권리로 행사된다. 이것이 '주말'과 '유급 휴가', 그리고 사회보장의 온갖 조처들에 대한 권리로 나아가지 못할 이유는 무엇인가? 그러나 그런 한에서 자유 의지에 대한 인간 권리의 요구는, 비록 그것이 긴급 명령을 용인한다 하더라도, 세계-내-삶의 전

영역을 통해 이해되어야 하는 것 아닌가?

인권 헌장은 이렇게 인간 사이의 관계들——직접적인 관계들 및 사안들과 관련해 수립되는 관계들——의 모든 분산과 위계로 확장될 것이며, 이 헌장의 유효성은 무엇보다도 인과성의 법칙을 충실히 따르는 실증적 인문 과학들이 인식하는 사회적 실재의 기계적인 필연성과 끊임없이 충돌할 것이다. 아마 이것은 무엇보다도, 인권의 수호자들에게 부과된 순전히 전문적인 개혁 임무 영역을 가리킬 것이다. 이 엄청난 임무, 그것은 저개발국가나 독재국가들에서 인권 의식을 일깨우는 것으로 환원되지 않는다. 이 임무는 물리적이고 사회적인 메커니즘에 의해 미리 결정된 근대 문명의 실제 현실에서 자유 및 그것의 구체적 조건들의 요구를 수립하고 공식화하는 데에 있다. 비록 이런 임무가 야기하는 정치적 지혜가 전통적 정치의 규칙들 속에, 그것의 영향력과 열정의 작동 방식 속에 18세기 이래로 혁명적 투쟁 양식이 알게 된 인권이라는 새로운 목적성을 도입한다 하더라도 말이다.

그러나 자유 의지에 대한 권리로서의 인간의 권리라는 발상——이 권리의 형식과 그 선험성의 형식에 의해 제시된 내용——은 모두가 '유일하고 자유로운 이들'로서 서로를 제약하면서 상호 간에 그들의 권리와 자유를 침해하는 '권리의 담지자들'의 공동-실존과 다수성에 의해서 다시금 문제시될 수 있는 것 아닌가? 인권에서 출발하는 만인에 대한 만인의 투쟁! 자유로운 의지의 본질에 합리성의 경향을, 따라서 보편적인 것을 향한 존중을 부여하지 않는다면 그렇다. 이런 존중 덕택에 지성적인 것의 명법과 규범이 타인을 제한하지 않는 방식으로 스스로를 제한하려는 각각의 자유 의지에 부과될 수 있는 것이다. 자신의 고유한 자유의 제한. 그러나 또한 자신의 자유에 대한 자유로운 제한! 보편적인 것의 합리성에 동의하는 가운데 이뤄지는 자유로운 제한. 합리적인 것에 대한 동의는 결코 속박이 아닐 것이며, 의지는 합리적인 것에 예속되지 않으면서 그것에 가담할 것이다. 마치 참인 것의 명증성 앞에서 스스로를 굽히면서도 직선적 사유로 남는 이성처럼 말이다. 지성적인 것을 존중하는 의지 속에서의 타인에 대한 존중, 또는 칸트의 정식에 따르자면, 타인을 그 자신의 결정 속에서 결코 단순한 수단으로서가 아니라 언제나 목적으로서 다루려는 의지를 위한 가능성. 칸트에서, 자유로운 의지들의 다수성은 '목적의 왕국'에서 화해한다. 자유인들 사이의 평화는 실천이성에 해당하는 '선의지', 즉 이성을 듣고 이해하는 의지라는 개념 덕분에 이렇게 가능해진다.

그렇지만 자유 의지가 실천이성이라는 칸트의 개념에 완전히 들어맞는다는 것은 확실한가? 자유 의지는 별 어려움을 야기하지 않고 거기에 안주하는가? 형식주의와 보편적인 것과의 관계는 자발성의 억제 불가능한 부분——이것 때문에 합리주의는 이른바 합리적 의지를 일으키는 합리주의의 지성으로부터 다시 구분될 텐데——을 달래 주는가?

그리고 인간의 권리나 이웃의 자유를 보장하려고 의지에 부여된 실천이성의 의도는 자유 의지로부터 자신의 고유한 자유의 권리를 빼앗는 것이 아닌가? 의무에서 자유 의지가 자유로운 것은 행위의 준칙에 대한 충실성 속에 담긴 합리적인 것에 의해서일 텐데, 그런 의무는 어떤 복종을, 이를테면 엄격한 법$^{\text{dura lex}}$으로 체험되거나 수용되는 법 그 자체에 의해 입증되는 어떤 복종을 포함하지 않는가?

그렇지 않은 경우는 선에 의해 타인에게 우월함이 부여되는 경우뿐이다. 선의지가 행위 준칙의 보편성에 대한 존경에 의해서만이 아니라 선함의 감정에 의해서 의욕함이 되는 경우뿐이다. 이 선함의 감정은 아이가 지녔다는 단순한 감정이다. 하지만 여기에는 관용이나 자비나 사랑과 같은 덜 무구한 이름이 주어질 수 있다. 자기-자신에 비해 타자에게 우선성을 부여할 정도까지 타자의 타자성 속에서의 타자에 애착함. 아마도 이것이 의미하는 것은, 칸트가 믿지 말라고 우리에게 가르쳐 준 '병리적' 감성, 순수한 수동성 및 '타율성'과 관련된, 원초적 단절일 것이다. 희생의 단절. 자신의 존재에 집착하는 존재, '자신의 존재 속에서 이 존재 자체만을 다루는' 존재의 전前-인간적인 모든 존재론에 대한 인간적인 것의 단절. 인권은 근원적으로 다른 인간의 권리라는 점, 인권은 그 권리들의 동일성 자체 속에 있는, 그것들의 자유로운 보존 본능 속에 있는 동일성의 전개 저편에서, 사회적인 것의 타자를-위함을, 낯선 자를-위함의 타자를-위함을 표현한다는 점──내가 보기엔 이러한 것들이 인권이 갖는 새로움의 의미이다.

대담

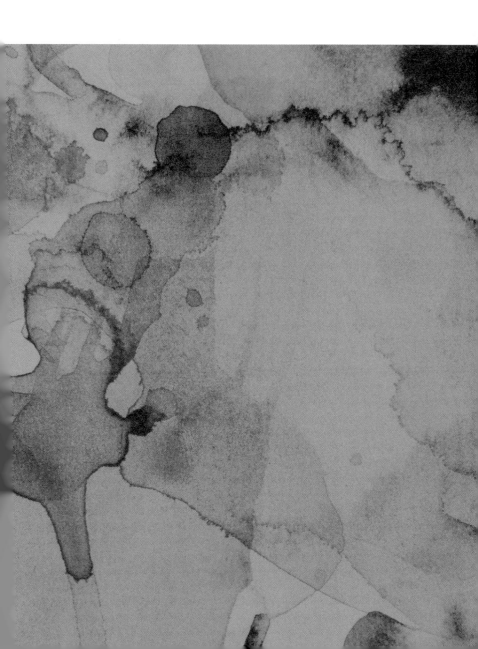

철학자와 죽음[1]

카바니스 죽은 자들과 죽음에 대해서 말하는 것은 언제나 살아 있는 자들이지요. 그렇지 않습니까. 우리는 방금 이 점을 다시 얘기했어요. 죽음에 대해 묻는 철학자들은 불가피하게 타자의 죽음에 대해 묻습니다. 왜냐면 그들은 그들 자신의 죽음에 대해서는 모든 다른 이들이 그렇듯 어떤 경험도 갖지 못하기 때문이죠. 심지어 소크라테스도, 혈관에 독약이 흐르고 자신의 제자들과 마지막 대화를 나누면서 스스로 죽어 가는 와중에서 죽음에 대해 말하고 있던 그 소크라테스조차도, 자신이 말하고 있는 죽음 그 자체는 아직 체

---

1) 이번 절은 소설가이자 연구자인 크리스티앙 카바니스(Christian Chabanis, 1936~1989)와 나눈 대담으로, 그의 책 『죽음, 끝 혹은 시작』(*La mort, un terme ou un commencement*, Fayard, 1982)에 실려 있기도 하다. 현대의 관점에서 가톨릭교회의 신앙을 근본적으로 탐구하고 죽음의 문제에 천착한 그는 1985년 파야르 출판사(Fayard)에서 출간된 『신은 존재하는가? 그렇다』(*Dieu existe-t-il? oui*)로 가톨릭 문학상(Grand prix catholique de littérature)을 수상하기도 했다.—옮긴이

험하지 못했어요. 죽은 소크라테스에 대해 말하게 될 이는 플라톤이었죠.

레비나스 나는 당신이 여기서 본질적인 부분을 지적했다고 생각합니다. 죽음은 알 수 없는 것들 가운데 가장 알 수 없는 것이죠. 그것은 다른 모든 알 수 없는 것들과 다른 방식으로 알 수 없는 것입니다. 많은 철학자들이 내놓은 이후의 반응이 어떤 것이든, 또 일반적인 견해에서의 반응이 어떠하든, 내가 보기에 죽음은 무엇보다 앎의 무인 것 같군요. 나는 죽음이 무라고 말하지 않아요. 죽음은 또한 질문의 '풍부함'입니다. 그러나 그것은 무엇보다, '알지 못함'이죠. 이런 것들이 죽음과 관련하여 다가오는^{venir}, 죽음에 적합한 ^{convenir} 최초의 말들입니다.

카바니스 죽음은 우리 세계에선 결정적인 사라짐입니다. 그리고 죽음과 함께 완결되는 것이 있지요. 특히, 사라지는 자의 말이 그렇습니다. 우리는 누군가의 '마지막 말'을 인용하지만, 문제되는 것은 여전히, 살아 있는 자의 말이죠. 죽은 자들은 침묵합니다.

레비나스 죽음은 다른 이들에겐 사라짐입니다. 그러나 죽음 그 자체에서 죽음은 존재함과 '존재하지 않음' 사이의 딜레마예요. 사람들은 살아 있지만, 죽음의 현상은 기술되죠. 그리고 어떤 일이 이후에 일어난다면, 우리는 그것이 살아 있는 자들의 경험의 질서에 속하지 않는다는 점을 인정해야 합니다. 이후에 어떤 일이 일어날 가능성은 우리의 도달점 밖에 있어요. 존재와 무와는 다른 어떤 것인, 배제된 제삼자가 문제라는 생각, 이것이 공포를 일으킵니다. 우리는 우리가 말하는 이 죽음이 무엇인지를 확신하지 못한 채 그것에 대해 말하죠. 확실히 죽음은 인간의 사유에 들어오지 못하는 어떤 것입니다.

카바니스 그러나 죽음은 사유가 뿌리 내릴 수 있는 확실성의 유일한 지점, 우리 운명의 의심할 수 없는 유일한 사건인가요?

레비나스 죽음은 도래하죠. 그렇습니다. 죽음, 그것은 냉혹한 것입니다.

카바니스 유일한 확실성이지만, 냉혹하다고요?

레비나스 나머지 모든 것이 냉혹한 것은 죽음의 함수로서죠. 죽음은 '본래적' 냉혹함이고, 이런 의미에서 또한 끔찍한 것이에요. 다가오는 것, 우리가 떠맡을 수 없는 것이죠! 언제나 상호의존적 개념들 내에서 움직이는 사유의 견지에서 보면, 죽음은 체계를 부수는 구멍이고, 모든 질서의 뒤흔듦이며, 모든 전체성의 파괴입니다. 당신은 죽음을 향해 가고, '죽음을 배우며', 임종을 '준비합니다'. 그러나 마지막 몇 분——또는 몇 초——이 있습니다. 거기서 그 길의 유일한 끝을 이루는 것은, 불시에 습격하는 것은 죽음이죠. 이런 의미에서 죽음은 여타의 가능성들과 같은, 그러니까 언제나 예비될 수 있고 언제나 기획될 수 있는 하나의 가능성이 아닙니다. 떠맡을 수 없다는 것은 죽음의 특성 자체에 속하지요. 죽음은 기획 없는 사건이에요. 우리가 죽음에 대해 가질 수 있는 '기획'은 마지막 순간에 실패합니다. 죽음만이 길의 최종적 끝을 이루죠. 우리가 아닙니다. 정확히 말해서, 우리는 죽음을 만나지 못해요.

당신도 알 듯, 스피노자는 철학자가 죽음에 대해서보다 더 적게 생각해야 할 것은 아무것도 없다고 하죠. 이와 반대로, 철학적 사유에 죽음을 끌어들이는 일을 가장 멀리 밀고 나간 이는 하이데 거입니다. 철학자의 죽지 않을 수 없음은 그의 사유를 나타내며, 마찬가지로 그의 실존을 나타내지요. 유한한 실존을요. 철학적이라 하더라도, 유한한 인간의 사유 말예요. 이 유한성 때문에 철학적인 사유 말입니다. 하이데거는 죽음의 극단적 가능성을 불가능성의 가능성이라 부르죠. 이건 말장난하고자 하는 게 아닙니다만, 나는 가능성이 인간의 능력을 함의하는 반면에 죽는다는 것은 떠맡을 수 없다는 점에서, 차라리 '가능성의 불가능성'이 맞는다고 늘 생각해 왔어요.

카바니스 피할 수 없는 것, 그러나 그 용어의 엄격한 의미에서 우리에게 불가능한 것이라구요?

레비나스 내가 당신에게 조금 전에 말했던 의미에서 냉혹한 것이죠. 떠맡을 수 없는 것이고요. 이런 면에서, 죽음은 예외적인 방식으로 인식에 저항합니다. 죽음이 인식되지 않는 이유가 인식이 한계 지어져 있기 때문은 아닙니다. 실제로 인식은 한정되어 있지만, 어느 날 기적적으로 확장될 수도 있을 테니까요. 죽음은 결코 인식될 수 없습니다. 이런 의미에서 나는 조금 전에 떠맡을 수 없음이 죽음의 특성에 속한다고 말했지요. 마지막 극단의 순간으로부터 되돌아와서 그에 대해 말하는 사람들은 죽음을 떠맡은 자들이 아니었습니다. 그런 일은 중요치 않아요.

카바니스 동굴의 세계는 그 자신에게, 그 그림자 속에 갇힌 채로 있으며, 당신에 따르자면 오늘날 우리는 인간 운명의 이 근본적인 지점에 대해 플라톤의 『국가』10장에서보다 더 아는 것이 없고, 또 우리의 손자들도 그럴 것이라는 얘긴가요? 죽음이란 사람들의 물음에 답해 주지 않는 스핑크스인가요?

레비나스 그렇지요. 신비라는 단어가 여기에 적합합니다. 그것은 신비라는 범주의 장소이죠. 미지는 질문을 만듭니다. 주어진 것 없는 질문을요. 여기서 중요한 것은 우리가 죽음 너머를 알지 못한다는 사실의 진부한 자명함을 지칠 줄 모르고 강조하는 것이 아닙니다. 우리는 너머라는 이 단어가 여기서 가질 수 있는 의미조차 알지 못해요. 사람들이 손쉽게 이해하는 유명한 그 무마저 문제를 일으키죠. 우리들은 존재와 단절할 수 있습니까? 우리는 존재로부터 떠날 수 있을까요? 부정과 무화無化조차 부정과 무화들이 작동하는 무대 자체가 계속 존속하게 하지 않습니까? 외부는 어떤 방식으로는 내부가 아닌가요? 우리는 언제나 실존함에 갇혀 있지 않습니까? 탈출은 없습니다point d'évasion.

모리스 블랑쇼는 자신의 경이롭고 낯선 책에서 이런 단절 불가능성으로부터 죽음을 사유했지요. 그리고 바로 거기에 죽음의 신비에 대한 심오하고 강박적인 시선이 있습니다. 강박obsession 으로서의 존재론이 있어요. 죽음의 불안 속에서의 무의 불가능성 말입니다. '음악을 멈추거나', 실존의 '소란함'을 중단시키는 것의 불가능성이죠! 그리고 동시에 그것들을 이어 나가는 것의 불가능성이에요.

카바니스 그러나 이런 관점에서 정당하게 사람들은 우리의 실존에서 완전히 새롭게 일어나는 것은 죽음밖에 없다고 긍정적인 방식으로 말할 수 있지 않은가요? 죽음이란 바로 미지의 것인 결코 일어나지 않은 것이 오래지 않아 모든 것이 일어나는 세계에 침입하는 사태입니다. 죽음의 신비, 그것은 또한 어떤 것의 가능성이에요. 어떤 사람들은 말할 겁니다. 마침내라고요.

레비나스 죽음의 이 다른 면에 대해 말해 봅시다. 새로운 어떤 것이 실제로 일어납니다. 그러나 다른 인간의 죽음에 임하는 우리에게 그렇죠. 우리는 죽음이 죽은 자들에게 의미하는 바를 전혀 알지 못해요. 우리는 '죽은 자들에게'라는 표현에 정당성이 있을 수 있는 지조차 알지 못합니다. 그러나 살아남은 자들에게 타인의 죽음에는 타인의 사라짐이 있고 이 사라짐의 극단적 고독이 있어요. 나는 인간적인 것이란 바로 타자의 죽음에 열려 있는 데서, 그의 죽음을 걱정하는 데서 성립한다고 생각합니다. 내가 여기서 말하는 것이 경건한 사유 같은 것으로 비칠 수 있어요. 그러나 나는 내 이웃의 죽음과 관련해 내가 인간의 휴머니즘이라고 부른 것이 나타난다고 확신합니다.

카바니스 우리의 생각과 가슴에 타자의 죽음을 대하는 견지를 맞아들이는 것은 분명 경건의 행위지만 또한 사유의 행위가 아닌가요?

레비나스 그렇지요.

카바니스 가브리엘 마르셀은 말했습니다. 사랑한다는 것, 그것은 타자에게 "너는, 너는 죽지 않을 거야"라고 말하는 것이라고요. 그것은 사랑의 시선에 힘입어, 타자의 죽음이 불가능함을, 동시에 죽음의 불가능함을 인정하는 것이지요. 이런 점에서, 우리는 죽음이 존재의 기획을 중단시킨다고 말할 수 있을까요? 존재의 기획은 다른 방식으로, 그러나 그럼에도 불구하고 연장됩니다. 단순히 우리의 기억과 우리의 생각 속에서가 아니에요. 우리는 타자의 죽음을 새로운 기획으로 통합할 수 있지 않습니까?

레비나스 가브리엘 마르셀은 사랑의 형이상학적 유효성을 믿었고 배제된 제삼자가 사유될 수 있다고 생각지 않았어요.

카바니스 플라톤은 소크라테스에게 자신이 '불멸의 멋진 위험'을 겪는 것을 받아들인다고 말하게 하죠. 이것은 단절을 가로지르는 기획의 연속성의 한 형태가 아닐까요? 우리는 계획을, 심지어 삶을 바꿉니다. 그러나 오직 죽은 자만이 죽음의 통로를 통해 불멸이 될 가능성과 사건성이 열리는 것을 보지요. 이런 위험을 겪는 것 그러나 또한 이런 희망을 떠맡는 것, 이것이 바로 인간적인 것, 엄청나게 인간적인 것이 아닐까요?

레비나스 알렉상드르 코제브Alexandre Kojève는 소크라테스가 영혼의 불멸성에 대해 그의 대화상대자들을 막 설득하던 때를 즐겨 상기했습니다. 그들은 소크라테스가 죽고 난 이후에 다시 만날 희망과 당면한 이별로 인한 절망 사이에 갈라져 있었어요. 플라톤 자신은 대화에 등장하지 않으며, 따라서 대화상대자들의 감정을 자기 것으로 삼지 않았지요. 대화편 서두에 그는 자신이 아파서 참석치 못했다고 적지 않았습니까? 그러므로 우리는 플라톤이 불멸성이라는 점에 대해 『파이돈』의 논거들로 설득되었는지 알 수 없을 거예요. 또는 그가 불멸성을 믿을 위험을 무릅썼는지에 대해서도요. 적어도 우리가 기발함과 통찰력 있는 생각이 부족하지 않은 코제브를 믿는다면 말이지요.

카바니스 그러나 철학자의 반성은 거기까지 갈 수 있고 가야만 하는 것이 아닐까요? 미지의 것의 '위험을 무릅쓰는' 데까지, 죽음이 겪게 하는 "불멸의 멋진 위험"을 고찰하는 데까지 말이죠. 이것은 사유에서 가장 인간적인 바를 고려하는 일이 아닐까요?

레비나스 나는 불멸의 논거가 기초하고 있는 존재와 무의 이 양자택일이 으뜸가는 질문을 제기하지 못한다고 생각합니다. 존재하느냐 존재하지 않느냐to be or not to be는 궁극적인 양자택일이 아니에요. 어떤 경우에도 궁극적인 질문이 아니며 가장 긴급한 질문도 아닙니다. 우리는 이 문제로 다시 돌아올 거예요. 물론, 삶과 죽음의 문제들에 대해 말하는 것, 그것은 긴급한 질문들에 대해 말하는 것이죠. 그러나 삶과 죽음의 쌍은 존재와 비존재의 쌍으로 환원될 수 있을까요? 거기에는 은유가 있지 않습니까? 죽음을 구체적으로 고려하는 데로 다시 돌아와야 합니다.

카바니스 그 쌍은 분리될 수 없지요, 구체적으로는요. 우리는 마치 죽음이 실존하지 않는다는 듯 삶을 생각할 수 없어요. 도리어 인간의 삶은, 그것이 정확히 인간적이라는 점에서, 다른 그 무엇의 죽음도 아닌 인간의 죽음에 대한 질문을 제기합니다. 죽음은 정확히 무엇의 죽음입니까? 그것은 의심의 여지없이 존재 이상의 것인 사랑의 죽음인가요? 사랑하느냐 사랑하지 않느냐는 분명 존재하느냐 존재하지 않느냐란 질문의 더욱 심오한 형태인가요? 우리는 죽음이 종말이라는 것을 압니다. 그러나 그 무엇의 종말인지는 알지 못해요. 더욱이 우리는 그것이 또한 시작이 아닌지도 알지 못하죠.

레비나스 죽음이 여기 있을 때, 우리는 더 이상 여기에 있지 않습니다. 이것은 종말인가요, 시작인가요? 실제로 우리는 그것에 대해 아무것도 알지 못합니다. 아마 우리는 그런 것을 얼마나 모르는지도 재어 보지 않았을 겁니다. 내가 좀 전에 당신에게 말했던 배제된 제삼자라는 생각은 아무 근거가 없지만, 죽음에 대한 질문의 미지와 신비를 재어 줍니다. 나는 삶-죽음의 은유를 말했어요. 우리는 일상적 삶을 살아가면서 이 두 단어를 줄곧 사용하죠. 그것들은 존재에 머물려는 우리의 집착을 담고 있어요. 존재-사이에서-벗어남이라는, 다시 말해 우리의 존재에 관해 해방되어 타인의 존재를 염려한다는 우리의 진정한 인간적 소명을 망각한 채 말입니다. 나는 다른 한편으로 신비가 죽음에 대한 서술과 죽음의 용어법에서 불가피한 것이라는 이 생각을 언제나 끌어들이고자 해요. 사실 우리는 죽음에서 저질러지는 이 폭력의 다른 면을 신비로 여겨야 합니다. 그것은 떠맡을 수 없는 것이기 때문이죠. 그것은 각자의 것입니다. 그러나 타인의, 나의 이웃의 죽음 앞에서 신비스런 죽음은 아무래도, 내가 무관심할 수 없는 고독으로 나에게 나타납니다. 그것은 나를 타인에게로 일깨우지요.

하이데거는 자신의 고유한 죽음에 대한 인간의 태도로부터 사유 가능한 모든 의미화를 연역해 냅니다. 그는 이 용어의 두 의미 속에서 끝까지 사유하죠. 그는 그의 사유를 그 극한의 결론에까지 끌고 나가, 나의 죽음이 나에겐 궁극적인 자기일 수밖에 없다고 생각합니다. 나는 그것이 사유로서 진정 끝까지 간 지점인지 의문스러워요. 나의 고유한 죽음을 넘어서 다른 인간의 죽음으로 나아가는 사유가 있지 않을까요? 인간적인 것은 바로 자신의 죽음 너머를 사유하는 데서 성립하는 것이 아닐까요? 이렇게 주장한다고 해서 어떤 아름다운 영혼을 제시하는 것처럼 보이기는 바라지 않아요. 내가 말하고자 하는 것은, 우리의 고유한 존재 속에 머물려는 우리 집착의 원천이 무엇이든 간에, 타자의 죽음이 나에게 중심적인 경험을 이룰 수 있다는 것이죠. 예를 들어 내게는——또 이것은 당신에게도 놀라운 일은 아닐 텐데——홀로코스트는 여전히 고갈될 수 없는 의미화의 사건입니다. 그러나 우리가 목격하는 모든 죽음에서——나아가 죽은 자들에 대한 모든 접근 속에서조차 그렇다고 말하고 싶은데——이런 비상한 미지의 울림이 들려옵니다. 우리는 다른 인간 속에서 죽음을 만나는 가운데 단연코 이런 점을 배웁니다. 그것은 그 의미함이 무한한 사건이며, 그것에 대한 감정은 철두철미하게 윤리적이에요.

카바니스 우리가 사랑하는 타자의 죽음은 죽음에게 그것이 지닌 모든 극적인 강렬함을 줍니다. 타자의 삶이 그 모든 강렬함을 발산했기 때문이죠. 타자의 죽음은 단지 타자의 죽음이 아닙니다. 그 죽음은 아마, 타자가 그 속에서 우리에게 그 존재의, 그 삶의 충만함으로 여겨졌던, 그 어떤 다른 것으로 환원될 수 없는 고유의 됨됨이로 받아들여졌던, 그런 사랑의 죽음일 거예요. 죽음이 지각되지 않거나 은폐되는 것은 불가능하죠. 우리가 사랑하는 타자를 죽음이 건드릴 때, 건드려지는 것은 우리의 공통된 사랑이며, 우리에게 고지되는 것은 우리의 고유한 죽음입니다. 가족 중 한 명을 잃게 되었을 때, 사람들이 말하듯 우리는 어떻게 보면 죽음의 내밀함으로, 죽음의 영향권으로 들어가게 되죠. 죽음의 현존은 한층 친숙해지고, 우리는 그것이 얼마만큼이나 우리 삶을 엮는 씨줄의 한 부분을 이루는지 더욱 강렬하게 알게 됩니다.

레비나스 내가 생각하는 것은 강렬함이 아니에요. 나의 분석은 '우리가 아끼는' 사람들의 죽음에 대한 관계에서 시작하지 않습니다. 더욱이 '자기 자신'으로의 복귀에서 시작하지는 않지요. 그런 것은 우리를 내 고유한 죽음의 우위로 이끌 겁니다. 홀로코스트에 대해 말하면서, 나는 다른 인간의 죽음에 대해 생각합니다. 다른 인간에 대해 생각하는 것이죠. 왜인지는 모르겠군요. 우리는 자신이 책임을 지니는 생존자라고 이미 느낄 수 있습니다. 아마 당신도 알겠지만, 나는 다른 인간의 얼굴이 의미하는 바가 무엇인지를 스스로 물어보았어요. 나는 그 속에 무엇보다 올곧음과 직선성이 있음을 말할 수 있었죠. 마치 총구를 들이대는 위협에 노출된 것 같은, 마치 죽음에 전적으로 내몰려 있는 것 같은, 얼굴을-마주한-존재가 있음을요. 나는 가끔 직선——두 점 사이의 최단 거리——이란 원래 내가 마주하는 얼굴이 죽음에 노출되는 선을 뜻하는 것이 아닌가를 묻곤 했어요. 이것은 아마 나의 죽음이 나를 응시하고 나를 겨누는 방식일 거예요. 그러나 나는 나의 고유한 얼굴을 보지 못합니다. 타자의 얼굴에서 분명한 최초의 것은 노출의 이 직선성이고 이 무방비이지요. 얼굴 안의 인간적 존재는 가장 헐벗은 것, 궁핍 자체입니다. 동시에 그것은 마주함이죠. 죽음에서 저질러지는 폭력을 우리가 가늠하는 것은 얼굴이 자신의 마주함 속에서 전적으로 홀로 있는 방식에 따라섭니다.

얼굴의 현현의 세번째 계기는 얼굴이 나를 요구한다는 겁니다. 얼굴은 나를 응시하고 나를 부릅니다. 얼굴은 나에게 요청하지요. 얼굴은 나에게 무엇을 요구할까요? 홀로 내버려 두지 말라는 겁니다. 그에 대한 응답은 '내가 여기 있습니다'me voici이지요. 아마도 이것은 나의 헛된 현전, 그러나 현전의, 타인을 위한 책임의 무상無償의 운동일 겁니다. '내가 여기 있습니다'라고 답하는 것, 그것은 이미 얼굴과의 만남입니다.

카바니스 사실상, 얼굴의 독특성은 극단적이고 궁극적인 계기에서만 나타나죠. 우리는 보통 말합니다. 그녀는 혹은 그는 아무개와 닮았다고요. 이 순간에도 그는 누군가가 아니라 우리가 좋아하는——혹은 좋아하지 않는——그 자신 외의 누구도 닮지 않았으며, 우리에게서 어떤 다른 사람도 그를 대신할 수 없다는 것은 분명합니다.

레비나스 우리가——닳고 닳은 말인——이웃에 대한 그 유명한 사랑이 무엇인지를 정의하고자 할 때, 얼굴과 맺는 이 관계로 되돌아가야 한다고 나는 생각해요. 이웃의 사멸성으로서의, 그를 고독 속에 내버려 두는 것의 불가능성으로서의 얼굴과 맺는 관계로 말이죠. 이웃의 사랑에 대한 긍정적 정의는 에로틱한 것이나 육욕적인 것과 전적으로 다릅니다. 육욕 없는 사랑, 이것은 사회성 자체예요. 얼굴과 맺는 이 관계 속에서, 타자의 죽음과 맺는 직접적 관계 속에서, 당신은 타자의 죽음이 당신의 죽음보다, 그리고 당신의 삶보다 더 중요한 것임을 아마도 발견할 겁니다. 여기서 단순하게 우리가 다른 누군가를 위해 죽을 수 있다는 '진부한' 사실을 다루려는 것은 아니에요. 전혀 진부하지도 단순하지도 않은 진부한 사실은 존재론적 필요들과 그의 존재 안에서 머물려는 존재자의 집착을 문제 삼는 인간적인 것의 침투죠. 수영할 줄 모르는 채 누군가를 살리기 위해 물속에 뛰어드는 것, 이것은 자기 자신을 고려치 않고 전적으로 타자를 향해 가는 것입니다. 말로 표현되지 않는 그의 요구에, 얼굴의 표현에, 그의 사멸성에, 그의 '죽이지 말라'에 응답하기 위해 전적으로 타자에게 자신을 제공하는 것입니다. 그러나 무엇보다도 관건은, 이제 더 이상 타자가 죽어갈 때 타자를 향하는 것만이 아니라, 그의 현전을 통해 살아 있는 자의 사멸성에 응답하는 것입니다. 이것은 전적으로 윤리적 행위예요. 그 극단에서 이것은 우리 자신이 태양 아래에서 차지하고 있는 장소로 인해 타인을 제삼 세계로—또는 제사 세계로—몰아넣지 않으려는 최상의 가책입니다. 파스칼은 말했어요. "태양 아래의 나의 자리, 이것은 모든 대지에 대한 찬탈의 시작이고 찬탈의 이미지다"라고요. 마치 거기에 존재한다는 사실로 인해 내가 누군가에게서 삶의 공간을 빼앗았다는 것처럼, 내가 누군가를 내쫓고 살해했다는 것처럼 말이죠. 또한 파스칼은 '자아는 가증스럽다'고 말했어요. 그가 여기서 제시하는 것은 단지 예의바른 가르침도, 화법의 가르침도 아니고, 오히려 존재론이죠. 스스로를 의기양양하게 자아로서 정립하는 동일성의 원칙이 외설과 폭력을 포함한다는 듯, 자아가 그 자신의 정립 자체를 통해 타인의 충만한 실존을 방해한다는 듯, 어떤 것을 전유함으로써 자아는 누군가로부터 그것을 빼앗을 위험이 있다는 듯 말입니다.

카바니스 시몬 베유Simone Weil도 이렇게 말했어요. "나는 내가 세상에 없는 것처럼 세계를 바라본다." 무차별성에 대립하는, 최상의 분리와 숙고의 이 형태는 아마 세계에서 또 인간에게서 그들이 감추고 있는 근원적이고 무한한 순수성을 찾는 것 아닐까요? 이것은 우리 현전이 불투명하게 갖는 것으로부터, 그 현전이 순수한 시선과 그것의 실제 대상 사이에서 만들어 내는 장애물로부터 세계를 구하기 위한 노력입니다. 동일한 의미에서 라신Jean Baptiste Racine의 가련한 페드르Phèdre[2]는 존재의 죄의식과 수치심을 느끼며 다음과 같이 결론 내리지 않았습니까. "그리고 죽음, 내 눈에서 밝음을 빼앗는 죽음은, 내 눈이 더럽히는 대낮의 세상에 그것의 모든 순수함을 돌려준다."

레비나스 나는 이 인용문들이 내가 제안하고자 하는 것과 많은 부분에서 합치한다고 생각해요. 타자의 죽음과 맺는 관계 뒤에서, 매우 낯선 질문이 제기되지요. 우리의 존재-욕구는 다른 우리에게서, 인간들에게서 정당한가 하는 것 말입니다. 이미 우리의 존재 자체로 인해 제기되는 질문이죠. 문제가 되는 것은, 내가 어떤 추상적인 법칙을 알지 못한다는 구실로, 우리가 우리 자신에게 죽음을 주어서는 안 되지 않느냐를 자문하는 것이 아닙니다. 문제는 오히려

---

2) 17세기 프랑스 극작가 라신의 대표작 이름이자 그 주인공의 이름.—옮긴이

존재의 이유를, 존재할 가치의 이유를 발견하는 것이에요. 타인의 죽음 앞에서 드러나는 존재의 가책! 이것은 죽는 자들의 얼굴이 우리에게 전해 주는 사랑함의 명령을 들음이 아닐까요? 그들의 존재 권리는 의심할 수 없어요. 오히려 문제가 생겨나는 유일한 장소는 바로 자아죠. 실존함의 노력, 존재에 머물려는 열망, 자기보존 경향 conatus essendi은 스피노자와 같은 철학자들에 따르면 모든 권리의 시작일 겁니다. 바로 이것이 내가 타인의 죽지 않을 수 없음——또는 얼굴——과의 만남으로부터 문제 삼고자 한 것이에요. 타자들과 자아 사이의 근본적 차이를——이것은 명백한 것인데——강조하면서요. 나의 고유한 죽음에 대한 불안은 나의 유한함을, 언제나 너무 일찍 죽어 가는 실존의 스캔들을 일깨웁니다. 존재의 양심은 이런 유한함 속에서 망가지지 않아요. 이 양심을 문제 삼는 것은 다른 인간의 죽음이죠.

카바니스 그렇지만, 모든 타자가 우리에게 동등하게 존재하지는 않습니다. 타자의 현존이 우리의 삶에 더 멀리 있는가 아니면 더 가까이 있는가에 따라 타자는 더 멀리 또는 더 가까이 존재하지요. 그리고 그들의 죽음도 마찬가지예요. 온갖 이유로 그렇죠. 그러나 죽음이 우리가 사랑하는 사람의 얼굴을 건드리는 것을 보았을 때, 죽음은 우리에게 동시에 더 끔찍한 것이자 더 쉬운 것으로, 거의 욕망할 만한 것으로 나타날 수 있어요. 이제 낯선 것이 되는 것은 삶입니다. 그리고 우리는 거의 죽음의 공포에서 삶의, 살아남음의 공포로 이동하게 되죠. 죽음은 어떻게 보면 사랑받는 얼굴의 특징을 취합니다. 그래서 죽음은 이 얼굴을 통해 우리를 두렵게 하는 대신 매혹하는 것으로, 친숙한 것으로 우리에게 나타나죠. 그런 운명을 공유하는 것은 결국 사랑의 이름으로 부러운 것이 됩니다. 오직 그 이름으로요. 역사상 모든 위대한 연인들은 타자의 무덤에서 타자를 따르기를 원하며, 가끔은 그렇게 하죠. 그들은 삶과 죽음을 가볍게 여깁니다. 우리를 실제로 건드리는 죽음에서 우리는 아마 자아를 벗어 버리는 것 아닐까요?

레비나스 이 경우에는 죽음이 위협성을 잃어버린 셈이에요.

카바니스 죽음은 타자의 부름을, 사랑의 부름을 일으킵니다. 어떻든, 죽음은 해방으로 나타나죠. 죽음은 우리를 불완전한 삶에서 구해 냅니다.

레비나스 그러나 거기에는 윤리적 태도가 없어요. 반대로 나는 사회성의 토대인 윤리적 태도에 대해 말했지요. 이미 선택된 아끼는 존재의 죽음이 아니라, 처음 온 자의 죽음에 대한 태도에 대해서요. 그것이 누구이든 타자 이후에 우리가 온다는 점을 깨닫는 것, 이것이 윤리입니다.

카바니스 그것은 우리의 고유한 존재가 존재의 접근과 존재들의 접근을 조건 짓는 존재론과의 단절이군요. 가장 중요한 것은, 극단적으로 말해, 타자의 실존이고 또 그래서 타자의 죽음인가요?

레비나스 나의 실존이 스스로를 인간으로 정립하는 것은 타자의 실존으로부터죠. 나는 자기보존 경향에서 시작한 인간학과는 조금 다른, 타인의 죽음과 맺는 관계로부터 출발하는 인간학을 떠올리고자 합니다. 그러나 타자의 죽음뿐 아니라 타자의 삶에 대해서도 우리는 응답한다고 나는 말했어요. 우리가 이미 타자와 더불어 타자의 죽음에 처하는 것은 타자의 삶에 응답하면서죠. 존재론과 관련해 말하자면, 내가 때로 스스로 물어 보았던 것은, 존재론으로부터 단절하려고 애쓰는 인간적인 것을 드러내기 위해서는 존재론의 기초를 놓아 주어야 하는가, 아니면 존재론의 밑바탕을 파내어야 하는가 하는 것이었어요.

얼굴의 폭력[1]

비앙키 선생님의 저작이 전반적으로 의미하는 것은 존재의 의미를 존재 너머에서 발견하라는 것, 역사와 체계에 속하지 않은 것, 즉 타인의 얼굴을 통해 역사와 체계를 상대화하라는 것입니다. 타인의 얼굴은 무한의 흔적 속에 머물지요. 이런 독해의 주안점이 정확한가요?

레비나스 내가 말하려는 건 존재의 의미가 아니라 의미, 곧 합리성이고 이해가능성입니다. 내가 타인의 얼굴, 무한의 흔적, 또는 신의 말에 대해 말할 때 중요한 발상은 의미의 의미형성significance이라는 생각이에요. 이것은 원래 주제가 아니며, 앎의 대상이 아니고, 존재

---

1) 이번 장은 1985년 4월 14일 파리에서 안젤로 비앙키(Angelo Bianchi)와 나눈 대담으로, '해석학의 폭력'이란 주제로 간행된 이탈리아의 철학 잡지 『해석학』(*Hermeneutica*, 1985)에 실려 있기도 하다.─옮긴이

자의 존재도 아니며, 재현이 아닙니다. 다른 인간의 얼굴로서 표현된 말을 통해 나와 관계하는 신은 결코 내재성이 되지 않는 초월성이죠. 타인의 얼굴은 의미작용을 하는 그의 방식입니다. 나는 또한 다른 공식을 사용해요. 신은 결코 신체를 취하지prendre corps 않습니다. 엄밀하게 말하자면, 그는 결코 존재자가 되지 않아요. 이것은 그의 비가시성이죠. 실제로 이런 발상은 나의 책『관념에 오는 신에 대하여』의 독해에 본질적인 것입니다.

비앙키 내가 일상적 삶 속에 만나는 얼굴이 역사에 속하지 않는 것은, 그것이 현상이 아니고 단순한 경험이 아닌 것은 무슨 이유에서지요? 왜 그것은 컨텍스트에서 떨어져 나오나요?

레비나스 나는 언제나 이웃의 얼굴을 어떤 명령의 담지자로 묘사하는데, 그 명령은 타인과 관련하여 무상無償의 책임을 내게 부과합니다. 이 책임은 양도 불가능하지요. 자아는 선출된 자고 유일한 자인 셈이에요. 여기서 타인은 절대적인 타자입니다. 다시 말해, 비교 불가능하고 그래서 유일한 자죠. 그러나 나를 둘러싸고 있는 인간들은 다수예요. 여기에서 문제가 발생합니다. 누가 나의 이웃인가요? 이것은 정의의 불가피한 질문이죠. 비교할 수 없는 자들을 비교하고 사람들을 식별해야 할 필요가 있습니다. 그리하여 그들은 가시적 모습의 조형적 형태로서, 이를테면 '얼굴에서-벗어난'dé-visagés 채로 나타납니다. 즉, 그로부터 얼굴의 유일성이 떨어져 나온 그런한 집단으로 나타나지요. 다른 인간들에 대한 나의 의무의 원천인

컨텍스트에서 떨어져 나온 격이에요. 이 의무의 원천은 정의의 추구 자체가 끝내 거슬러 올라가는 지점입니다. 이것을 망각할 경우 정의의 숭고하고 어려운 작업이 순전히 정치적인 계산으로——또 전체주의적 남용으로까지——변형될 위험이 있어요.

비앙키 역사주의, 유물론, 구조주의, 존재론. 이 모든 철학적 형태들의 한계는 바로 이것들이 존재 너머로, 역사 너머로 밀고 나갈 힘이 근본적으로 없다는 데, 이것들의 의미가 존재성에 제한된다는 데 있는 겁니까?

레비나스 거칠게 말하자면, 그렇지요. 그러나 나는 역사 철학에 마음이 끌리지 않으며, 역사철학의 목적성을 확신하지 않습니다. 나는 모든 일이 더 나은 쪽으로 나아갈 것이라고 말하지 않아요. 내게 진보 관념은 그리 믿을 만한 것이 아닙니다. 오히려 나는 다른 인간을 위한 책임이——또는 이렇게 표현해도 괜찮을 텐데——인간의 얼굴의 현현이 '자신의 존재에 집착하는 존재'의 껍질에 구멍을 뚫는다고 생각합니다. 이것은 타인을 위한 책임이고, 성스러움sainteté의 '이해관심을-벗어난'dés-intéressé 타자를-위함이죠. 인간들이 성자라거나 성스러움을 향해 나아가고 있다고 말하는 건 아닙니다. 나는 다만 성스러움의 소명이 모든 인간 존재에게 가치로서 인정된다는 점, 이런 인정이 인간적인 것을 규정한다는 점을 말하는 것이죠. 인간적인 것이 흔들림 없는 존재를 꿰뚫은 겁니다. 어떤 사회 조직이나 어떤 제도도 순전히 존재론적인 필연성의 이름으로 성스러움을 확증하지도, 심지어 생산하지도 못한다 할지라도 그렇습니다. 그런데도 성자들이 있었지요.

비앙키 그렇다면 현대 철학의 허무주의적 결말을 철학 그 자체의 운명으로서가 아니라, 단지 존재론으로서의 철학이 존재 너머의 위험과 초월의 위험을 무릅쓰지 않는 데 따른 것으로 이해해야 할까요?

레비나스 그렇습니다. 그러나 나는 나의 명제들이 역사 철학자들의 배타주의를 내세우는 것이 아님을 덧붙이고 싶어요. 내가 보는 관점에 따라, 이해 가능성의, 의미의 기원 자체가 다른 인간을 위한 책임으로 거슬러 올라간다면, 존재론, 객관적 지식, 정치적 형태들은 스스로를 이런 의미로 정돈하게 되거나 그 의미의 의미형성에 필요하게 된다는 점은 분명합니다. 우리는 조금 전에, 타인의 얼굴에서 의미를 지니게 된 것의 기원이 그럼에도—인간들의 실제적 복수성複數性 앞에서—정의와 앎을 요구한다고 말했지요. 정의의 실행은 법정과 정치 제도를 요구하며, 나아가—역설적이게도—모든 정의가 함축하는 특정한 폭력까지를 요구합니다. 이 폭력은 근원적으로는 타자의, 이웃(그가 나의 부모나 민족일 수도 있어요!)의 보호로서 정당화됩니다. 그러나 그것은 어떤 이를 위한 폭력이지요.

비앙키 의미 개념은 선생님 저작의 토대를 이룹니다. 최근의 저술들에서, 그 개념은 지속적으로 다시 나타납니다. 이 개념의 철학적 위상은 무엇인가요? 철학이 의미를 추구해야 한다는 점은 정말 확실한가요?

레비나스 철학자, 추론하고 판단하는 학자, 정치가가 정신적인 것에서 배제되지 않을 경우를 제외하곤 그렇습니다. 하지만 그 의미는 근원적으로 인간적인 것 속에, 인간이 다른 인간과 관련되어 있다는 사실 속에 있어요. 그 의미는 어떤 사소한 일들은 다른 인간에게만큼이나 한 인간에게 흥미를 끈다는 평범함에 기초해 있습니다.

나는 존재의 무게 속에서 합리성이 시작하는 이 계기를 더 이상 설명할 수 없어요. 이성이 거슬러 올라가는, 우리가 다른 것으로 환원할 수 없는 의미화의 최초 개념. 이것은 현상학적으로 환원될 수 없습니다. 의미가 의미를 주는le sens signifie 것이죠.

의미를 규정하려는 시도는 시의 효과를 그것의 원인이나 그것의 초월론적 조건으로 환원하려는 노력과 같습니다. 시학의 규정, 그것은 아마 시적 시각이 그 조건들의 시각보다 더 참되며 어떤 의미에서 더 '오래'되었다는 것일 거예요. 시의 초월론적 조건들을 숙고한다면, 이미 시를 잃어버린 셈이지요.

비앙키 선생님은 의미의 무규정적 산포라는 관점을 거부하십니다. 선생님의 결론은 데리다와 블랑쇼와 같은 글쓰기écriture 이론가들의 결론과 상반된다고 말하는 것이 정확할까요?

레비나스 그렇기도 하고 아니기도 합니다. 왜냐하면 나는 그 두 사람 모두를 높이 평가하며, 그들의 사변적 선물에 감탄하기 때문이죠. 많은 점에서 나는 그들의 분석과 함께합니다. 그러나 문제들이 내게 다가오는 것은 글쓰기écriture로부터가 아니에요. 또 성서 Ecriture——성스러운 것la Sainte——와 관련해서는 아마 우리의 입장이 나뉠 겁니다. 나는 이따금 데리다와 관련해 이렇게 자문해 봐요. 그를 개념들의 해체로 이끄는 현전하는 것의 차연différance이, 그가 보기에 영원성, '거대한 현전', 존재 따위가 보존한다는 특권을 입증하는 것은 아닌가 하고요. 그런 특권은 이론적인 것과 이론적의 것의 진리가 지닌다는 반론의 여지가 없는 우선성에 상응하는 것이지요. 이런 것들과의 관계에서 시간성은 궁지에 처할 거예요. 나는 묻습니다. 시간은——그것의 통–시성dia-chronie 자체 속에서——영원성보다 또 선의 질서 자체보다 더 나은 것은 아닐까요.

통–시성은——모든 영원한 현전의 공–시성syn-chronie 저편에서——자아가 이웃과 맺는 역전 불가능한 (또는 있음–사이를–벗어난 dès-inter-essée) 관계의 결절점이 아닙니까? 이것은 바로 자아로부터 타자로 나아가는, 불가능한 공시성인 동시에 그럼에도 비–무–차별non-in-différence이며, 신에게로–향함à-Dieu으로서, 이미 사랑이 아닌가요?

비앙키 신과 관련하여 인간의 언어를 사용하면서 모든 유비적 매개를 배제하는 것이 실제로 가능합니까?

레비나스 나는 인간의 언어를 조금도 배제하지 않습니다. 그러나 나는 물론 그것의 은유적 의미 작용을 망각하지 않으려고 하죠. 그러나 내가 찾는 것, 그것은 후설이 원 소여성Originäre Gegebenheit이라고 부른 것, 한 의미가 관념에 올 따름인 '구체적 상황들'이에요. 이것은 어떤 연대기적 우선성에 대한 대가 없는 추구나 헛된 추구가 아닙니다. 나는 현상학이 가져온 가장 생산적인 것은 다음과 같은 사실을 강조한 데 있다고 생각해요. 소여, 즉 주어진 것에 흡수된 시선은 그 주어진 것을 그것의 출현을 조건 짓는 정신적 과정 전체와, 그리하여 그것의 구체적 의미화와 관련짓는 일을 이미 망각했다는 점 말이지요. 망각되어 버린 모든 것과 분리된 주어진 것은 하나의 추상일 따름이며, 현상학은 그것의 '미장센'mise en scène을 재구성합니다. 후설은 순진한 시각을 변형시키는 '눈가리개들'에 대해 늘 얘기했어요. 문제는 그것의 객관적 장의 협소함만이 아니라 그것의 심적 지평의 혼미함이지요. 순진하게 주어진 대상이 그것을 포착하는 눈을 이미 가리는 것 같은 사태 말이에요. 철학적으로 본다는 것, 즉 순진한 맹목성 없이 본다는 것, 그것은 순진한 시선(이것은 또한 실증 과학의 시선이다)에 나타남의 구체적 상황을 재구성해 주는 것입니다. 그것은 그 구체적 상황의 현상학을 만드는 것이며, 그것의 '미장센'의 도외시된 구체성으로 거슬러 올라가는 것이죠. 이런 구체성이야말로 주어진 것의 의미를, 그리고 그것의 본질quiddité 뒤에서 그것의 존재 양식을 전해 줍니다.

신이라는 단어의 '기원'을 탐구하고 그 의미화의 구체적 정황을 탐색하는 것은 절대적으로 필요한 일이에요. 사람들은 종교의 사회적 권위라는 명목으로 신의 말씀을 받아들이기 시작합니다. 그렇게 받아들여진 말씀이 정말로 신이 말한 것인지 어떻게 확신합니까? 근원적 경험을 탐구해야 해요. 철학——또는 현상학——은 그의 목소리를 인식하기 위해 필요합니다. 나는 그가 '처음으로' 나에게 말하는 것은 타인의 얼굴에서라고 생각해요. 신이 내게 '생각되는'venir à l'esprit 것은 또는 '이해되는'tomber sous le sens 것은 다른 인간과의 만남 속에서죠.

비앙키 우리는 선생님이 어떤 점에선, 에릭 베유Éric Weil가 제시한 이성과 폭력의 배타적 관계를 전복시키고자 했으면서도, 도리어 전체주의적 담론 내부에서의 이성과 폭력의 밀접한 연관성을 주장하고 있다는 인상을 받습니다.

레비나스 나는 에릭 베유의 작품에 크게 감탄했고 그를 기억할 때면 큰 경애심이 생깁니다. 어떤 때에도 나는 인간의 질서에서 정의를 배제하길 원치 않았어요. 그건 어리석은 일일 겁니다. 그러나 나는 사람들이 자비라고 부를 만한 것으로부터 출발하여 정의와 다시 만나려고 시도했지요. 그것은 내게는 타인에 대한 무제한적 의무로 나타나는 것이고, 그런 의미에서 인격으로서의 타인의 유일성으로의 접근이고, 그런 의미에서 사랑이에요. 탈이해관심의, 육욕 없는 사랑이지요. 나는 이 최초의 의무가 인간의 다수성 앞에서 정의가 되는 방식에 대해 이미 당신에게 얘기했어요. 그러나 정의가 타인의 우위에서 유래하고 또 기인한다는 점이 내가 보기에 매우 중요합니다. 정의가 요구하는 제도들이 정의가 기인하는 자비에 의해 통제되는 것이 필요하죠. 제도들과 분리될 수 없는, 그래서 정치와 분리될 수 없는 정의는 다른 인간의 얼굴을 알아보지 못하게 할 위험이 있어요. 헤겔에서처럼 에릭 베유에 있어서 정의의 순수한 합리성은 인간의 특수성을 무시할 만한 것으로 생각하게 해요. 마치 그 특수성이 유일성의 특수성이 아니라 익명적 개체성의 특수성인 양 말이죠. 합리적 전체성의 결정론은 전체주의의 위험이 있습니다. 전체주의는 물론 윤리적 언어를 포기하지 않으며, 선한 것과 더 나은meilleur 것에 대해 항상 말해 왔으며 또 항상 말합니다. 「시편」12편 4절의 '자랑하는 혀'[2]라는 유명한 어구에 해당하는 것을 말이죠. 파시즘은 그 자체로 범죄를 찬양한다고 결코 고백하지 않아요. 그래서 나는 에릭 베유가, 철학자이자 무한히 존경할 만한 인간인 그가 나보다 더 유토피아적인 사상을 가졌다고 생각합니다. 왜냐하면 정확히 말해, 타인의 유일성과 자아의 근본적 타자를-위함을 중시하는 태도를 주관주의로 취급하는 순수한 개념의 정치로 전체주의에 대항해 스스로를 보증하는 것은 매우 어렵기 때문이에요. 내가 보기에, 합리적 정의는 타인과 맺는 관계가 가시적으로 세속화될 때 위태로워집니다. 순전히 합리적인 정의와 부정의 사이, 바로 거기에 자아의 '지혜'에 대한 부름이 있는데, 그것의 가능성들은 아마 선험적으로 공식화할 수 있는 어떠한 원리도 담고 있지 않을 겁니다.

---

2) 「시편」12편 3절의 오기로 보인다.―옮긴이

비앙키 선생님이 신을 명명하는 방식은 엄격히 말해 철학적 담론에 속하지 종교에 속하지는 않는다고 선생님은 주장하십니다. 종교에 속하는 임무는 위로이지 증명이 아니라는 것이겠죠. 이것이 의미하는 것은 정확히 말해 무엇인가요? 종교는 아마 잉여의 어떤 것일까요?

레비나스 질문이 아주 까다롭군요. 두 계기들은 필수적이며, 그것들은 동일한 수준에 있지 않습니다. 내가 드러내고자 하는 것, 그것은 자연적 사유에서의, 타인의 접근에서의 초월입니다. 자연 신학은 성서 자체 속에서 신의 목소리와 '어조'accent를 뒤따라 인식하기 위해 필요하지요. 이 필요가 아마 종교 철학 자체의 동기일 거예요. 유혹자는 언어의 모든 간사함과 언어의 모든 애매성을 압니다. 그는 변증법의 모든 용어를 알죠. 그는 다름 아닌 인간 자유의 계기로서 실존하며, 가장 위험한 유혹자는 경건한 말을 통해 다른 인간에 대한 폭력과 경멸로 당신을 이끄는 자입니다.

비앙키 선생님이 제안한 유대주의와 헬레니즘 사이의 관계의 정당한 위치는 무엇인가요?

레비나스 나는 그리스의 유산에 우호적이에요. 그것이 최초인 것은 아니죠. 그러나 모든 것이 그리스어로 '번역'될 수 있어야 합니다. 70인 역 성서 번역은 이런 필요를 상징하죠. 내가 작년에 주석하고자 했던 것은 탈무드 텍스트의 주제입니다. 알다시피, 성경의 그리스어 번역에 대한 전설이 있어요. 프톨레마이오스[3]가 유대인 지식인 70명을 택했는데, 유대 성경을 그리스어로 번역하기 위해 그들을 각기 분리된 방에 가두었다는 소문 말입니다. 그들 모두가 동일한 방식으로 번역했고, 그들이 그 텍스트에 덧붙여야 한다고 판단한 교정조차 동일한 것으로 판명되었죠. 프라이부르크 가톨릭대학의 교수인 바르텔레미 신부는 이렇게 말했어요. "그곳을 방문하는 여행객들에게 그것은 흥미로운 일화임이 분명하다!" 탈무드에서 이 역사는 반복되죠. 랍비적 사유에서 이것은 분명 교훈적 우화, 미드라쉬midrash입니다. 탈무드는 성서의 그리스어 번역과 수정의 원칙을 인정하고자 했어요. 자신의 근원적 의미를 성서적 사유 속에 지니고 있어서 그리스어로는 달리 이야기해야 할 관념들이 있습니다. 그러나 그리스어는 선입견을 갖지 않는 언어, 순수한 인식함의 보편성을 갖는 언어이지요. 모든 의미작용, 모든 이해 가능성, 모든 정신이 앎은 아니에요. 그러나 모든 것은 그리스어로 번역될 수 있습니다. 이 우회적 표현périphrase들을 통해, 우리는 앎의 형식들에 저항하는 정신성의 이야기를 만들 수 있어요.

내가 그리스어라고 부른 것, 그것은 그리스에서 물려받은 우리 대학의 언어 방식입니다. 대학에서——가톨릭 대학, 히브리 대학에서조차——사람들은 그리스어를 말하지요. 알파와 베타 사이의 차이를 인식하지 못할 때조차 그리고 그 차이를 인식하지 못한

---

3) 프톨레마이오스 왕조 때 히브리 성경이 그리스어로 번역되었는데, 이것이 '70인역 성경'이다.—옮긴이

다 해도 말이죠.

비앙키 존재론적인 범주를 윤리적 범주로 변형하는 일은 "나는 존재할 권리가 있는가?"라는 새로운 근본적 문제를 제기하는 데까지 이릅니다. 이 문제는 원죄 의식에 속하나요?

레비나스 나는 철학적 담론이 이런 유죄성과 무관하다고, "내가 존재할 권리를 갖는가?"라는 문제는 무엇보다 타인을 위한 그것의 염려를 통해 인간적인 것을 표현한다고 생각합니다. 나는 이 주제에 대해 많이 언급했고, 이것이 현재 나의 주요 주제예요. 즉, 존재에서의 나의 자리, 나의 현존재의 이 현/여기^{Da}가 이미 찬탈이고 이미 타인에 대한 폭력이 아닐까요? 그것은 그 어떤 에테르도, 그 어떤 추상도 갖지 못하는 선취^{préoccupation}죠. 신문은 우리에게 제3세계에 대해 말하는데, 우리는 여기서 매우 편안하게 지내며 매일의 식사를 보장받습니다. 누구의 비용으로죠? 우리는 이 점을 물어볼 수 있습니다.

파스칼은 말했어요. 자아는 가증스럽다고. 나의 주권적 긍정 속에서 자신의 존재 안에 머물려는 존재들의 집착은 반복됩니다. 그러나 에고이즘이 이 자아-자체에게 일으키는 공포 의식도 반복되지요. 파스칼은 태양 아래의 나의 자리가 모든 대지의 찬탈의 시작이자 이미지라고 또한 말했어요.

물론 우리는 파스칼이 원죄를 무시했다고 말할 수 없습니다. 그러나 나는 그 자체로서의 인간적인 것이 최상의 가책으로 충분하지 않은지, 이 가책은 언제나 이미 후회가 아닌지 자문해 봅니다.

비앙키 선생님이 말한 윤리적 책임이 추상적이며 구체적 내용이 없다고 쓴 사람이 있습니다. 이것은 선생님께 가치 있는 비판으로 보입니까?

레비나스 나는 인간적 실재를 그 직접적 나타남 속에서 그리려고 한 적이 없어요. 오히려 인간적 타락 그 자체도 지우지 못할 것을, 즉 성스러움을 향한 인간적 소명을 묘사하려 했지요. 나는 인간의 성스러움을 주장하지 않습니다. 나는 인간이 성스러움이라는 최상의 가치를 부인할 수 없다고 말하는 것이지요. 대학에서의 또 대학 주변에서의 항의로 점철되었던 해인 1968년, 우리가 헌신해야 할 '다른 인간'이라는 가치를 제외하곤 모든 가치들이 '허공에'ᵉⁿ ˡ'ᵃⁱʳ 있었어요. 몇 시간 동안이나 온갖 유희와 무질서에 자신을 맡겼던 젊은이들은 저녁에 기도하듯 '르노에서 파업 중인 노동자들'을 방문했지요. 인간은 성스러움과 자기 망각을 인정하는 존재예요. '자기를 위함'은 언제나 의심을 초래합니다. 우리는 정의 관념이 처음의 이 자비에 겹쳐지는 국가에서 살지요. 그러나 이 처음의 자비 속에 인간적인 것이 머뭅니다. 정의 그 자체는 그것으로 거슬러 올라가죠. 인간은 하이데거가 바랐듯, 단지 존재가 의미하는 바를 이해하는 존재가 아니에요. 오히려 인간은 다른 인간의 얼굴에서 성스러움의 명령을 이미 듣고 이해한 존재입니다. 원래 이타주의적 본능이 있다고 말할 때조차 우리는 이미 신이 말씀하셨다는 점을 인지했던 것이죠. 신은 매우 일찍 말씀하시기 시작했습니다. 그건 본능의 인간학적 의미화죠! 일상적인 유대인 예배에서, 아침 첫 기도는 다음과 같이 시작합니다. "낮과 밤을 구별하도록 수탉에게 가르쳐 주신 신을, 세계의 주인을 찬미합니다." 수탉의 울음소리에 최초의 계시인 빛을 향한 깨어남이 있어요.

비앙키 평화를 위한 미래가 있을까요? 그것을 이루는 데 기독교가 기여하는 바는 무엇일까요?

레비나스 아, 당신은 나에게 예언을 요구하는군요! 모든 인간이 예언자라는 점은 참입니다. 모세는 "신의 백성들이 다 선지자가 되게 하시다"(「민수기」 11장 29절)라고 말하지 않았습니까. 또 아모스는 한 걸음 더 나아가, 모든 인류를 거론하지 않았습니까. "여호와께서 말씀하셨다. 누가 예언하지 아니하겠는가?"(「아모스」 3장 8절). 그렇지만 예언을 하는 것은 내게는 어려운 일이에요. 내가 막 인용한 구절들이 그 자체로 적절한 예언이라면 모르겠지만 말이죠.
　　나는 또한 20세기에 일어난 인류를 가로지르는 시험들은 인류를 공포에 떨게 하는 가운데, 인간의 타락을 재는 척도가 되었을 뿐 아니라 우리 소명에 대한 새로워진 기억이 되었다고 생각합니다. 나는 그것들이 우리 속의 어떤 것을 변화시켰다는 인상을 받아요. 나는 특히 아우슈비츠에서의 이스라엘의 수난Passion은 기독교 세계 그 자체에 깊은 자국을 남겼다고 생각하며, 유대-기독교인의 우정이 평화의 요소라고 생각하지요. 거기서 요한 바오로 2세의 인격은 희망을 줍니다.

비앙키 예배와 기도의 가치는 무엇인가요?

레비나스 우리는 자기를 위해 기도하지 않습니다. 그렇지만 유대인의 기도, 일상적 기도는 유대 신학에 따르면 성전의 제물을 대신하죠. 그래서, 번제물燔祭物이었던 성전의 제물처럼, 유대인의 기도는 전적으로 봉헌입니다. 핍박 받는 이스라엘을 위해 기도할 때는 예외죠. 이 경우엔 사람들이 공동체를 위해 기도를 하는 셈이에요. 그러나 그것은 신의 영광을 드러내도록 부름 받은 민족을 위한 기도지요. 신에게 기도하면서, 우리는 신을 위해 기도합니다. 이 경우도 또한 그렇고요.

사람들이 진짜 고통을 겪을 때면 기도 가운데 그 고통을 말할 수 있어요. 그러나 그럼으로써 사람들은 죄를 속죄하면서 죄를 지워 주는 고통을 없애려 하나요? 자신의 고통을 피하려 한다면, 자신의 잘못을 어떻게 속죄할 거죠? 문제는 더 복잡해요. 우리의 고통 속에서, 신은 우리와 함께 고통 받습니다. 「시편」(91편 15절)은 "그들이 환난 당할 때에 내가 그와 함께하여"라고 말하지 않습니까? 신은 인간의 고통 속에서 가장 고통 받는 자죠. 고통 받는 자아는 신의 고통을 위해 기도하는데, 신은 인간의 죄로 인해 그리고 그 죄에 대한 고통스러운 속죄로 인해 고통 받습니다. 신의 케노시스지요! 기도는, 전체로 보면, 자기를 위한 것이 아닙니다.

이런 정의의 기도로 기도하는 영혼들은 많지 않지요. 물론 많

은 수준이 있어요. 나는 당신에 매우 엄밀한 신학적 개념을 제시
한 것입니다. 아마 이 점을 아는 것이 중요할 거예요. 기도의 덜 고
양된 형태들도 그 기도의 신앙심을 많이 보존한다고 나는 생각합
니다.

옮긴이 후기

여기서 번역한 『타자성과 초월』*Altérité et transcendance*은 에마뉘엘 레비나스가 1967년부터 1989년까지 여러 곳에서 발표한 9편의 논문과 3차례의 대담을 엮은 모음집이다. 시대와 주제가 다른 여러 글이 묶여 있는 만큼, 책의 구성이나 내용에 관한 설명을 덧붙이는 것도 번역의 정확성을 기하는 만큼이나 옮긴이의 주요한 덕목일 것이다. 하지만 이 책에는 레비나스의 대표적인 연구자 그룹에 속하는 피에르 아야가 작성한 짧지 않은 해설 격의 서문이 붙어 있으니, 여기서는 번역 과정에 대한 간단한 개인적 소회를 밝히는 것으로 그친다.

옮긴이가 레비나스로 석사, 박사 학위를 준비하던 2010년경만 하더라도 그의 주요 저작이 번역되어 있지 않았다. 레비나스가 한국에 소개된 지는 40여 년이나 되었지만, 한글로 접할 수 있었던 것은 그의 초기 저작에 해당하는 『시간과 타자』, 『존재에서 존재자로』와 짧은 대담집인 『윤리와 무한』 정도뿐이었다. 레비나스의 책들을 번역해 보자고 호기롭게 생각한 것도 그때였다. 번역서가 없으니 프랑스어 원전을 더듬거리며 한 자 한 자 읽어 가는 수밖에 없었고 그렇게 해서 완성된 번역물을 혼자만 보는 것도 아까웠다. 하지만 당시의 번역은 초벌 수준에 불과했고 옮긴이 혼자 힘으로 그것들을 수정하여 만족할 만한 결과물을 내놓을 자신도 없었다. 그래서 부산대 철학과의 문성원 선생님께 도움을 청했고 선생님의 참여로 명실상부한 번역 작업이 진행될 수 있었다.『신, 죽음 그리고 시간』,『전체성과 무한』에 이어『타자성과 초월』도 이렇게 독자와 만나게 된 것이다.

『타자성과 초월』은 그간 그린비 출판사가 내놓은 레비나스 선집 중 분량 면에선 가장 적은 편에 속하지만, 그 내용의 무게감과 중요성은 이전 작품들에 못지않다. 이 책이 가진 주요한 특징 중 하나는 레비나스 철학의, 철학자 레비나스의 또 다른 면모를 보여 준다는 데 있다. 그간 일관되게 견지해 왔던 타자와 윤리에 대한 강조에 덧붙여, 평화와 권리에 이르는 사유의 전개 과정은 '제일철학으로서의 윤리학'이란 명제가 갖는 본래적 의미를 정치의 문제와 더불어 다시금 생각하는 기회를 제공한다. 아울러 이 책의 초반부에는 레비나스가 즐겨 사용하는 주요 개념의 내용과 그 역사가 비교적 분명히 기술되어 있다. 그는 초월, 전체성, 무한 등을 철학사적 맥락 속에 위치시키고, 그것들이 어떻게 이해되었고 또 어떻게 다시 이해되어야 하는지를 상세히 설명한다. 고대로부터 근대에 이르는, 하나의 개념을 둘러싸고 벌어지는 철학자들의 사유와 그 차이를 접하는 가운데, 우리는 자연스레 철학자들의 사상과 철학사에 대한 그의 이해와 나름의 해석을 발견하게 된다. 이런 면이 이 책을 읽고자 하는 독자에겐 어려움으로 다가올 수도 있겠지만, 레비나스의 책치고 녹록한 게 있었던가.

이 책이 담고 있을 실수나 오역은 오롯이 옮긴이의 책임이다. 앞으로 지적받고 발견하는 대로 고쳐 나갈 것을 약속 드린다. 『신, 죽음 그리고 시간』, 『전체성과 무한』, 『타자성과 초월』을 번역하자고 그린비 출판사와 이야기한 것이 10여 년 전이다. 오랜 시간을 참고 기다리며 이윽고 레비나스 선집 번역을 일단락한 그린비출판사와, 난삽한 원고를 꼼꼼히 검토해 준 편집자 박순기 씨에게 옮긴이들 모두 마음을 모아 감사의 말씀을 드린다.

마지막으로, 이 자리를 빌려 손영창 선배와 문성원 선생님께 감사의 마음을 표하고 싶다. 현재 한국기술교육대학교에서 가르치고 있는 손영창 선배는 프랑스에서 레비나스로 학위를 받고 귀국한 이후부터 지금까지 옮긴이에게 많은 관심과 호의를 베풀어 주었고 선집 번역 과정에 함께한 것은 물론 평상시의 공부와 삶에도 많은 도움을 주었다. 언제나 밝은 웃음으로 맞아주던 선배가 오늘따라 더 그립다. 지도교수이기도 한 문성원 선생님께는 특별한 감사를 드린다. 문성원 선생님이 학부 시절부터 박사 학위를 거쳐 지금까지 보내 준 한결같은 애정과 믿음은, 또 지지와 배려는 옮긴이에게 든든한 버팀목이 되어 주었다. 일일이 다 열거할 순 없지만, 선생님이 보여 준 여러 모습은 연구자이자 교육자로서 살아가고 또 살아가야 할 앞으로의 삶에 주요한 밑거름이 될 것이다. 대학원 수업과 번역 작업으로 근 6~7년간 거의 매주 만나 레비나스를 함께 읽고 이야기 나누었던 자극과 깨달음의 시간들을, 인간적이고 학문적이었던 그 만남들을 결코 잊지 못할 것이다.

옮긴이를 대표하여

김도형

원문의 출전

「철학과 초월」(Philosophie et transcendance), *Encyclopédie philosophique universelle*, PUF, 1989.

「전체성과 전체화」(Totalité et totalisation), *Encyclopaedia Universalis*.

「무한」(Infini), *Encyclopaedia Universalis*.

「대화 저편」(Par-dela le dialogue), *Journal des communautés*, 1967.

「나라는 말, 너라는 말, 신이라는 말」(Le mot je, le mot tu, le mot Dieu), *Le Monde*, 1978.

「타자의 근접성」(La proximité de l'autre), entretien avec Anne-Catherine Benchelah, *Phréatique*, 1986.

「유토피아와 사회주의」[마르틴 부버의 『유토피아와 사회주의』 서문](Préface à *Utopie et socialisme* de Martin Buber), Aubier-Montaigne, 1977.

「재현 금지와 '인권'」(Interdit de la représentation et "droits de l'homme"), *L'interdit de la représentation - Colloque de Montpellier*, Seuil, 1981.

「평화와 근접성」(Paix et proximité), *Les Cahiers de la nuit surveillée*, 1984.

「다른 인간의 권리」(Les droits de l'autre homme), *Les droits de l'homme en question*, La Documentation française, 1989.

「철학자와 죽음」(Le philosophe et la mort), entretien avec Christian Chabanis, *La mort, un terme ou un commencement?*, Fayard, 1982.

「얼굴의 폭력」(Violence du visage), entretien avec Angelo Bianchi, *Hermeneutica*, 1985.

지은이 · 옮긴이 소개

에마뉘엘 레비나스(Emmanuel Levinas, 1906~1995)

리투아니아에서 유태인 부모 아래 3형제 중 장남으로 태어났다. 1923년 프랑스로 유학해 스트라스부르 대학에서 수학했고, 1928~1929년 독일 프라이부르크 대학에서 후설과 하이데거로부터 현상학을 배운 뒤, 1930년 스트라스부르 대학에서 『후설 현상학에서의 직관 이론』으로 박사학위를 받았다. 1939년 프랑스 군인으로 2차 대전에 참전했다가 포로가 되어 종전과 함께 풀려났다. 1945년부터 파리의 유대인 학교(ENIO) 교장으로 오랫동안 일했다. 이 무렵의 저작으로는 『시간과 타자』(1947), 『존재에서 존재자로』(1947), 『후설과 하이데거와 함께 존재를 찾아서』(1949) 등이 있다. 1961년 첫번째 주저라 할 수 있는 『전체성과 무한』을 펴낸 이후 레비나스는 독자성을 지닌 철학자로 명성을 얻기 시작한다. 1974년에는 그의 두 번째 주저 격인 『존재와 달리 또는 존재성을 넘어』가 출판되었다. 그 밖의 중요한 저작들로는 『어려운 자유』(1963), 『관념에 오는 신에 대하여』(1982), 『주체 바깥』(1987), 『우리 사이』(1991) 등이 있다. 레비나스는 기존의 서양 철학을 자기중심적 지배를 확장하려 한 존재론이라고 비판하고 타자에 대한 책임을 우선시하는 윤리학을 제1철학으로 내세운다. 그는 1964년 푸아티에 대학에서 강의하기 시작하여 1967년 낭테르 대학 교수를 거쳐 1973년에서 1976년까지 소르본 대학 교수를 지냈다. 교수직을 은퇴한 후에도 강연과 집필 활동을 계속하다가 1995년 성탄절에 눈을 감는다.

김도형

부산대학교 철학과를 졸업하고 동대학원에서 철학박사 학위를 받았다. 부산대, 부경대, 인제대 등에서 강의하고 있다. 주요 논문으로는 「레비나스의 정의론 연구: 정의의 아포리, 코나투스를 넘어 타인의 선으로」, 「레비나스의 인권론 연구: 타인의 권리 그리고 타인의 인간주의에 관하여」, 「레비나스와 페미니즘 간의 대화(1): 레비나스에서 여성의 문제」 등이 있다. 지은 책으로 『레비나스와 정치적인 것: 타자 윤리의 정치철학적 함의』(2018), 옮긴 책으로는 레비나스의 『신, 죽음, 그리고 시간』(2013), 『전체성과 무한』(2018)이 있다.

문성원

서울대학교 철학과를 졸업하고 동대학원에서 철학박사 학위를 받았다. 경기대, 서울대, 서울시립대, 서울산업대 등에서 강의했으며, 2000년부터 부산대학교 철학과 교수로 재직 중이다. 지은 책으로『철학의 시추: 루이 알튀세르의 마르크스주의 철학』(1999),『배제의 배제와 환대: 현대와 탈현대의 사회철학』(2000),『해체와 윤리: 변화와 책임의 사회철학』(2012),『철학자 구보 씨의 세상 생각』(2013),『타자와 욕망』(2017),『철학의 슬픔』(2019) 등이 있고, 옮긴 책으로 지그문트 바우만의『자유』(2002), 자크 데리다의『아듀 레비나스』(2016), 공역한 책으로는『국가와 혁명』(1995),『철학대사전』(1997),『마르크스주의 변증법의 역사』(2000),『신, 죽음, 그리고 시간』(2013),『전체성과 무한』(2018) 등이 있다.